卞尺丹几乙し丹卞と

Translated Language Learning

Το Κομμουνιστικό Μανιφέστο

The Communist Manifesto

Καρλ Μαρξ & Φρίντριχ Ένγκελς

Karl Marx & Friedrich Engels

ελληνικά / English

Copyright © 2024 Tranzlaty
Published by Tranzlaty
ISBN: 978-1-83566-462-9
Original text by Karl Marx and Friedrich Engels
The Communist Manifesto
First published in 1848
www.tranzlaty.com

Εισαγωγή
Introduction

Ένα φάντασμα στοιχειώνει την Ευρώπη – το φάντασμα του κομμουνισμού

A spectre is haunting Europe — the spectre of Communism

Όλες οι Δυνάμεις της παλιάς Ευρώπης έχουν συνάψει μια ιερή συμμαχία για να ξορκίσουν αυτό το φάντασμα

All the Powers of old Europe have entered into a holy alliance to exorcise this spectre

Πάπας και τσάρος, Μέτερνιχ και Γκιζό, Γάλλοι ριζοσπάστες και Γερμανοί αστυνομικοί-κατάσκοποι

Pope and Czar, Metternich and Guizot, French Radicals and German police-spies

Πού είναι το κόμμα της αντιπολίτευσης που δεν έχει επικριθεί ως κομμουνιστικό από τους αντιπάλους του στην εξουσία;

Where is the party in opposition that has not been decried as Communistic by its opponents in power?

Πού είναι η αντιπολίτευση που δεν έχει ρίξει πίσω τη μομφή του κομμουνισμού, ενάντια στα πιο προηγμένα κόμματα της αντιπολίτευσης;

Where is the Opposition that has not hurled back the branding reproach of Communism, against the more advanced opposition parties?

Και πού είναι το κόμμα που δεν έχει κάνει την κατηγορία εναντίον των αντιδραστικών αντιπάλων του;

And where is the party that has not made the accusation against its reactionary adversaries?

Δύο πράγματα προκύπτουν από αυτό το γεγονός

Two things result from this fact

I. Ο κομμουνισμός αναγνωρίζεται ήδη από όλες τις ευρωπαϊκές δυνάμεις ως ο ίδιος μια δύναμη

I. Communism is already acknowledged by all European Powers to be itself a Power

II. Είναι καιρός οι κομμουνιστές να δημοσιεύσουν ανοιχτά, ενώπιον όλου του κόσμου, τις απόψεις, τους στόχους και τις τάσεις τους

II. It is high time that Communists should openly, in the face of the whole world, publish their views, aims and tendencies

Πρέπει να συναντήσουν αυτό το παιδικό παραμύθι του Φαντάσματος του Κομμουνισμού με ένα Μανιφέστο του ίδιου του κόμματος

they must meet this nursery tale of the Spectre of Communism with a Manifesto of the party itself

Για το σκοπό αυτό, κομμουνιστές διαφόρων εθνικοτήτων συγκεντρώθηκαν στο Λονδίνο και σχεδίασαν το ακόλουθο Μανιφέστο

To this end, Communists of various nationalities have assembled in London and sketched the following Manifesto

Το παρόν μανιφέστο πρόκειται να δημοσιευθεί στην αγγλική, γαλλική, γερμανική, ιταλική, φλαμανδική και δανική γλώσσα

this manifesto is to be published in the English, French, German, Italian, Flemish and Danish languages

Και τώρα πρόκειται να δημοσιευθεί σε όλες τις γλώσσες που προσφέρει το Tranzlaty

And now it is to be published in all the languages that Tranzlaty offers

Αστοί και προλετάριοι
Bourgeois and the Proletarians

Η ιστορία όλων των μέχρι τώρα υπαρχουσών κοινωνιών είναι η ιστορία των ταξικών αγώνων
The history of all hitherto existing societies is the history of class struggles

Ελεύθερος και δούλος, πατρίκιος και πληβείος, άρχοντας και δουλοπάροικος, αφέντης συντεχνίας και τεχνίτης
Freeman and slave, patrician and plebeian, lord and serf, guild-master and journeyman

Με μια λέξη, καταπιεστής και καταπιεσμένος
in a word, oppressor and oppressed

Αυτές οι κοινωνικές τάξεις βρίσκονταν σε συνεχή αντίθεση η μία με την άλλη
these social classes stood in constant opposition to one another

Συνέχισαν έναν αδιάκοπο αγώνα. Τώρα κρυμμένο, τώρα ανοιχτό
they carried on an uninterrupted fight. Now hidden, now open

Ένας αγώνας που είτε κατέληξε σε μια επαναστατική ανασύσταση της κοινωνίας στο σύνολό της
a fight that either ended in a revolutionary re-constitution of society at large

ή μια μάχη που κατέληξε στην κοινή καταστροφή των αντιμαχόμενων τάξεων
or a fight that ended in the common ruin of the contending classes

Ας κοιτάξουμε πίσω στις προηγούμενες εποχές της ιστορίας
let us look back to the earlier epochs of history

Βρίσκουμε σχεδόν παντού μια περίπλοκη διάταξη της κοινωνίας σε διάφορες τάξεις
we find almost everywhere a complicated arrangement of society into various orders

Υπήρχε πάντα μια πολλαπλή διαβάθμιση της κοινωνικής τάξης

there has always been a manifold gradation of social rank

Στην αρχαία Ρώμη έχουμε πατρίκιους, ιππότες, πληβείους, σκλάβους

In ancient Rome we have patricians, knights, plebeians, slaves

στον Μεσαίωνα: φεουδάρχες, υποτελείς, συντεχνίες-αφέντες, τεχνίτες, μαθητευόμενοι, δουλοπάροικοι

in the Middle Ages: feudal lords, vassals, guild-masters, journeymen, apprentices, serfs

Σε όλες σχεδόν αυτές τις τάξεις, πάλι, δευτερεύουσες διαβαθμίσεις

in almost all of these classes, again, subordinate gradations

Η σύγχρονη αστική κοινωνία έχει ξεπηδήσει από τα ερείπια της φεουδαρχικής κοινωνίας

The modern Bourgeoisie society has sprouted from the ruins of feudal society

Αλλά αυτή η νέα κοινωνική τάξη δεν έχει εξαλείψει τους ταξικούς ανταγωνισμούς

but this new social order has not done away with class antagonisms

Δεν έχει παρά εγκαθιδρύσει νέες τάξεις και νέες συνθήκες καταπίεσης

It has but established new classes and new conditions of oppression

Έχει καθιερώσει νέες μορφές πάλης στη θέση των παλιών

it has established new forms of struggle in place of the old ones

Ωστόσο, η εποχή στην οποία βρισκόμαστε διαθέτει ένα χαρακτηριστικό γνώρισμα

however, the epoch we find ourselves in possesses one distinctive feature

Η εποχή της αστικής τάξης απλοποίησε τους ταξικούς ανταγωνισμούς

the epoch of the Bourgeoisie has simplified the class antagonisms

Η κοινωνία στο σύνολό της διαιρείται όλο και περισσότερο σε δύο μεγάλα εχθρικά στρατόπεδα

Society as a whole is more and more splitting up into two great hostile camps

δύο μεγάλες κοινωνικές τάξεις άμεσα αντιμέτωπες: η αστική τάξη και το προλεταριάτο

two great social classes directly facing each other: Bourgeoisie and Proletariat

Από τους δουλοπάροικους του Μεσαίωνα ξεπήδησαν οι ναυλωμένοι αστοί των πρώτων πόλεων

From the serfs of the Middle Ages sprang the chartered burghers of the earliest towns

Από αυτά τα burgesses αναπτύχθηκαν τα πρώτα στοιχεία της αστικής τάξης

From these burgesses the first elements of the Bourgeoisie were developed

Η ανακάλυψη της Αμερικής και η στρογγυλοποίηση του ακρωτηρίου

The discovery of America and the rounding of the Cape

Αυτά τα γεγονότα άνοιξαν νέο έδαφος για την ανερχόμενη αστική τάξη

these events opened up fresh ground for the rising Bourgeoisie

Οι αγορές της Ανατολικής Ινδίας και της Κίνας, ο αποικισμός της Αμερικής, το εμπόριο με τις αποικίες

The East-Indian and Chinese markets, the colonisation of America, trade with the colonies

Η αύξηση των μέσων ανταλλαγής και γενικά των εμπορευμάτων

the increase in the means of exchange and in commodities generally

Αυτά τα γεγονότα έδωσαν στο εμπόριο, τη ναυσιπλοΐα και τη βιομηχανία μια ώθηση που δεν ήταν ποτέ πριν γνωστή

these events gave to commerce, navigation, and industry an impulse never before known

Έδωσε γρήγορη ανάπτυξη στο επαναστατικό στοιχείο της παραπαίουσας φεουδαρχικής κοινωνίας

it gave rapid development to the revolutionary element in the tottering feudal society

Οι κλειστές συντεχνίες είχαν μονοπωλήσει το φεουδαρχικό σύστημα της βιομηχανικής παραγωγής

closed guilds had monopolised the feudal system of industrial production

Αλλά αυτό δεν αρκούσε πλέον για τις αυξανόμενες ανάγκες των νέων αγορών

but this no longer sufficed for the growing wants of the new markets

Το σύστημα παραγωγής πήρε τη θέση του φεουδαρχικού συστήματος της βιομηχανίας

The manufacturing system took the place of the feudal system of industry

Οι συντεχνίες-αφέντες ωθήθηκαν από τη μία πλευρά από τη μεσαία τάξη των κατασκευαστών

The guild-masters were pushed on one side by the manufacturing middle class

Ο καταμερισμός εργασίας μεταξύ των διαφόρων εταιρικών συντεχνιών εξαφανίστηκε

division of labour between the different corporate guilds vanished

Ο καταμερισμός εργασίας διείσδυσε σε κάθε εργαστήριο

the division of labour penetrated each single workshop

Εν τω μεταξύ, οι αγορές συνέχισαν να αυξάνονται συνεχώς και η ζήτηση να αυξάνεται συνεχώς

Meantime, the markets kept ever growing, and the demand ever rising

Ακόμη και τα εργοστάσια δεν επαρκούσαν πλέον για να ανταποκριθούν στις απαιτήσεις

Even factories no longer sufficed to meet the demands

Στη συνέχεια, ο ατμός και τα μηχανήματα έφεραν
επανάσταση στη βιομηχανική παραγωγή
Thereupon, steam and machinery revolutionised industrial
production
Ο τόπος κατασκευής ελήφθη από τον γίγαντα, τη
σύγχρονη βιομηχανία
The place of manufacture was taken by the giant, Modern
Industry
Τη θέση της βιομηχανικής μεσαίας τάξης πήραν
βιομηχανικοί εκατομμυριούχοι
the place of the industrial middle class was taken by industrial
millionaires
Τη θέση των ηγετών ολόκληρων βιομηχανικών
στρατών πήρε η σύγχρονη αστική τάξη
the place of leaders of whole industrial armies were taken by
the modern Bourgeoisie
Η ανακάλυψη της Αμερικής άνοιξε το δρόμο για τη
σύγχρονη βιομηχανία να καθιερώσει την παγκόσμια
αγορά
the discovery of America paved the way for modern industry
to establish the world market
Αυτή η αγορά έδωσε μια τεράστια ανάπτυξη στο
εμπόριο, τη ναυσιπλοΐα και την επικοινωνία μέσω
ξηράς
This market gave an immense development to commerce,
navigation, and communication by land
Αυτή η εξέλιξη, στην εποχή της, αντέδρασε στην
επέκταση της βιομηχανίας
This development has, in its time, reacted on the extension of
industry
Αντέδρασε ανάλογα με τον τρόπο επέκτασης της
βιομηχανίας και τον τρόπο επέκτασης του εμπορίου,
της ναυσιπλοΐας και των σιδηροδρόμων
it reacted in proportion to how industry extended, and how
commerce, navigation and railways extended

στην ίδια αναλογία που αναπτύχθηκε η αστική τάξη, αύξησαν το κεφάλαιό τους

in the same proportion that the Bourgeoisie developed, they increased their capital

Και η αστική τάξη έσπρωξε στο παρασκήνιο κάθε τάξη που κληροδότησε από τον Μεσαίωνα

and the Bourgeoisie pushed into the background every class handed down from the Middle Ages

Επομένως, η σύγχρονη αστική τάξη είναι η ίδια το προϊόν μιας μακράς πορείας ανάπτυξης

therefore the modern Bourgeoisie is itself the product of a long course of development

Βλέπουμε ότι είναι μια σειρά επαναστάσεων στους τρόπους παραγωγής και ανταλλαγής

we see it is a series of revolutions in the modes of production and of exchange

Κάθε αναπτυξιακό βήμα της αστικής τάξης συνοδευόταν από μια αντίστοιχη πολιτική πρόοδο

Each developmental Bourgeoisie step was accompanied by a corresponding political advance

Μια καταπιεσμένη τάξη υπό την κυριαρχία της φεουδαρχικής αριστοκρατίας

An oppressed class under the sway of the feudal nobility

Μια ένοπλη και αυτοδιοικούμενη ένωση στη μεσαιωνική κομμούνα

an armed and self-governing association in the mediaeval commune

εδώ, μια ανεξάρτητη αστική δημοκρατία (όπως στην Ιταλία και τη Γερμανία)

here, an independent urban republic (as in Italy and Germany)

εκεί, μια φορολογητέα «τρίτη εξουσία» της μοναρχίας (όπως στη Γαλλία)

there, a taxable "third estate" of the monarchy (as in France)

στη συνέχεια, κατά την περίοδο της κατασκευής καθαυτό

afterwards, in the period of manufacture proper

Η αστική τάξη υπηρετούσε είτε τη μισοφεουδαρχική είτε την απόλυτη μοναρχία

the Bourgeoisie served either the semi-feudal or the absolute monarchy

ή η αστική τάξη ενήργησε ως αντίβαρο ενάντια στην αριστοκρατία

or the Bourgeoisie acted as a counterpoise against the nobility

Και, στην πραγματικότητα, η αστική τάξη ήταν ο ακρογωνιαίος λίθος των μεγάλων μοναρχιών γενικά

and, in fact, the Bourgeoisie was a corner-stone of the great monarchies in general

αλλά η σύγχρονη βιομηχανία και η παγκόσμια αγορά καθιερώθηκαν από τότε

but Modern Industry and the world-market established itself since then

Και η αστική τάξη έχει κατακτήσει για τον εαυτό της την αποκλειστική πολιτική κυριαρχία

and the Bourgeoisie has conquered for itself exclusive political sway

πέτυχε αυτή την πολιτική κυριαρχία μέσω του σύγχρονου αντιπροσωπευτικού κράτους

it achieved this political sway through the modern representative State

Τα εκτελεστικά όργανα του σύγχρονου κράτους δεν είναι παρά μια διαχειριστική επιτροπή

The executives of the modern State are but a management committee

και διαχειρίζονται τις κοινές υποθέσεις ολόκληρης της αστικής τάξης

and they manage the common affairs of the whole of the Bourgeoisie

Η αστική τάξη, ιστορικά, έχει παίξει έναν πιο επαναστατικό ρόλο

The Bourgeoisie, historically, has played a most revolutionary part

Όπου πήρε το πάνω χέρι, έβαλε τέλος σε όλες τις φεουδαρχικές, πατριαρχικές και ειδυλλιακές σχέσεις

wherever it got the upper hand, it put an end to all feudal, patriarchal, and idyllic relations

Διέλυσε ανελέητα τους ετερόκλητους φεουδαρχικούς δεσμούς που έδεναν τον άνθρωπο με τους «φυσικούς ανωτέρους» του

It has pitilessly torn asunder the motley feudal ties that bound man to his "natural superiors"

Και δεν έχει αφήσει κανένα δεσμό μεταξύ ανθρώπου και ανθρώπου, εκτός από το γυμνό προσωπικό συμφέρον

and it has left remaining no nexus between man and man, other than naked self-interest

Οι σχέσεις του ανθρώπου μεταξύ τους δεν έχουν γίνει τίποτα περισσότερο από ανάλγητες «πληρωμές σε μετρητά»

man's relations with one another have become nothing more than callous "cash payment"

Έχει πνίξει τις πιο ουράνιες εκστάσεις θρησκευτικού ζήλου

It has drowned the most heavenly ecstasies of religious fervour

Έχει πνίξει τον ιπποτικό ενθουσιασμό και τον φιλισταϊκό συναισθηματισμό

it has drowned chivalrous enthusiasm and philistine sentimentalism

Έχει πνίξει αυτά τα πράγματα στο παγωμένο νερό του εγωιστικού υπολογισμού

it has drowned these things in the icy water of egotistical calculation

Έχει μετατρέψει την προσωπική αξία σε ανταλλάξιμη αξία

It has resolved personal worth into exchangeable value

Έχει αντικαταστήσει τις αναρίθμητες και ανέφικτες κατοχυρωμένες ελευθερίες

it has replaced the numberless and indefeasible chartered freedoms

Και έχει δημιουργήσει μια ενιαία, παράλογη ελευθερία. Ελεύθερο εμπόριο

and it has set up a single, unconscionable freedom; Free Trade

Με μια λέξη, το έκανε αυτό για εκμετάλλευση

In one word, it has done this for exploitation

εκμετάλλευση καλυμμένη από θρησκευτικές και πολιτικές αυταπάτες

exploitation veiled by religious and political illusions

εκμετάλλευση καλυμμένη με γυμνή, ξεδιάντροπη, άμεση, βάναυση εκμετάλλευση

exploitation veiled by naked, shameless, direct, brutal exploitation

Η αστική τάξη έχει απογυμνώσει το φωτοστέφανο από κάθε προηγουμένως τιμημένο και σεβαστό επάγγελμα

the Bourgeoisie has stripped the halo off every previously honoured and revered occupation

Ο γιατρός, ο δικηγόρος, ο ιερέας, ο ποιητής και ο άνθρωπος της επιστήμης

the physician, the lawyer, the priest, the poet, and the man of science

Έχει μετατρέψει αυτούς τους διακεκριμένους εργάτες σε μισθωτούς εργάτες της

it has converted these distinguished workers into its paid wage labourers

Η αστική τάξη έχει σκίσει το συναισθηματικό πέπλο μακριά από την οικογένεια

The Bourgeoisie has torn the sentimental veil away from the family

Και έχει μειώσει την οικογενειακή σχέση σε μια απλή χρηματική σχέση

and it has reduced the family relation to a mere money relation

η βάναυση επίδειξη σθένους κατά τον Μεσαίωνα που τόσο θαυμάζουν οι αντιδραστικοί

the brutal display of vigour in the Middle Ages which Reactionists so much admire

Ακόμη και αυτό βρήκε το κατάλληλο συμπλήρωμά του στην πιο νωθρή νωθρότητα

even this found its fitting complement in the most slothful indolence

Η αστική τάξη έχει αποκαλύψει πώς συνέβησαν όλα αυτά

The Bourgeoisie has disclosed how all this came to pass

Η αστική τάξη ήταν η πρώτη που έδειξε τι μπορεί να επιφέρει η δραστηριότητα του ανθρώπου

The Bourgeoisie have been the first to show what man's activity can bring about

Έχει επιτύχει θαύματα που ξεπερνούν κατά πολύ τις αιγυπτιακές πυραμίδες, τα ρωμαϊκά υδραγωγεία και τους γοτθικούς καθεδρικούς ναούς

It has accomplished wonders far surpassing Egyptian pyramids, Roman aqueducts, and Gothic cathedrals

και έχει πραγματοποιήσει εκστρατείες που έβαλαν στη σκιά όλες τις προηγούμενες εξόδους εθνών και σταυροφορίες

and it has conducted expeditions that put in the shade all former Exoduses of nations and crusades

Η αστική τάξη δεν μπορεί να υπάρξει χωρίς συνεχή επαναστατικοποίηση των μέσων παραγωγής

The Bourgeoisie cannot exist without constantly revolutionising the instruments of production

Και έτσι δεν μπορεί να υπάρξει χωρίς τις σχέσεις της με την παραγωγή

and thereby it cannot exist without its relations to production

Και ως εκ τούτου δεν μπορεί να υπάρξει χωρίς τις σχέσεις της με την κοινωνία

and therefore it cannot exist without its relations to society

Όλες οι προηγούμενες βιομηχανικές τάξεις είχαν μια κοινή προϋπόθεση

all earlier industrial classes had one condition in common

Βασίζονταν στη διατήρηση των παλαιών τρόπων παραγωγής

they relied on the conservation of the old modes of production

αλλά η αστική τάξη έφερε μαζί της μια εντελώς νέα δυναμική

but the Bourgeoisie brought with it a completely new dynamic

Συνεχής επαναστατικοποίηση της παραγωγής και αδιάκοπη διατάραξη όλων των κοινωνικών συνθηκών

Constant revolutionizing of production and uninterrupted disturbance of all social conditions

Αυτή η αιώνια αβεβαιότητα και αναταραχή διακρίνει την εποχή της αστικής τάξης από όλες τις προηγούμενες

this everlasting uncertainty and agitation distinguishes the Bourgeoisie epoch from all earlier ones

Οι προηγούμενες σχέσεις με την παραγωγή συνοδεύονταν από αρχαίες και σεβάσμιες προκαταλήψεις και απόψεις

previous relations with production came with ancient and venerable prejudices and opinions

Αλλά όλες αυτές οι σταθερές, γρήγορα παγωμένες σχέσεις σαρώνονται

but all of these fixed, fast-frozen relations are swept away

Όλες οι νεοσχηματισμένες σχέσεις απαρχαιώνονται πριν μπορέσουν να αποστεωθούν

all new-formed relations become antiquated before they can ossify

Ό,τι είναι στερεό λιώνει στον αέρα και ό,τι είναι άγιο βεβηλώνεται

All that is solid melts into air, and all that is holy is profaned

Ο άνθρωπος είναι επιτέλους υποχρεωμένος να αντιμετωπίσει με νηφάλιες αισθήσεις τις πραγματικές συνθήκες της ζωής του

man is at last compelled to face with sober senses, his real conditions of life

Και είναι υποχρεωμένος να αντιμετωπίσει τις σχέσεις του με το είδος του

and he is compelled to face his relations with his kind

Η αστική τάξη χρειάζεται συνεχώς να επεκτείνει τις αγορές της για τα προϊόντα της

The Bourgeoisie constantly needs to expand its markets for its products

Και, εξαιτίας αυτού, η αστική τάξη καταδιώκεται σε όλη την επιφάνεια του πλανήτη

and, because of this, the Bourgeoisie is chased over the whole surface of the globe

Η αστική τάξη πρέπει να φωλιάσει παντού, να εγκατασταθεί παντού, να δημιουργήσει συνδέσεις παντού

The Bourgeoisie must nestle everywhere, settle everywhere, establish connections everywhere

Η αστική τάξη πρέπει να δημιουργήσει αγορές σε κάθε γωνιά του κόσμου για εκμετάλλευση

The Bourgeoisie must create markets in every corner of the world to exploit

Η παραγωγή και η κατανάλωση σε κάθε χώρα έχει αποκτήσει κοσμοπολίτικο χαρακτήρα

the production and consumption in every country has been given a cosmopolitan character

Η θλίψη των αντιδραστικών είναι αισθητή, αλλά συνεχίστηκε ανεξάρτητα

the chagrin of Reactionists is palpable, but it has carried on regardless

Η αστική τάξη άντλησε κάτω από τα πόδια της βιομηχανίας το εθνικό έδαφος πάνω στο οποίο βρισκόταν

The Bourgeoisie have drawn from under the feet of industry the national ground on which it stood

Όλες οι παλιές εθνικές βιομηχανίες έχουν καταστραφεί ή καταστρέφονται καθημερινά

all old-established national industries have been destroyed, or are daily being destroyed

Όλες οι παλαιές εθνικές βιομηχανίες εκτοπίζονται από νέες βιομηχανίες

all old-established national industries are dislodged by new industries

Η εισαγωγή τους γίνεται ζήτημα ζωής και θανάτου για όλα τα πολιτισμένα έθνη

their introduction becomes a life and death question for all civilised nations

εκτοπίζονται από βιομηχανίες που δεν παράγουν πλέον εγχώριες πρώτες ύλες

they are dislodged by industries that no longer work up indigenous raw material

Αντ 'αυτού, αυτές οι βιομηχανίες αντλούν πρώτες ύλες από τις πιο απομακρυσμένες ζώνες

instead, these industries pull raw materials from the remotest zones

βιομηχανίες των οποίων τα προϊόντα καταναλώνονται, όχι μόνο στο σπίτι, αλλά σε κάθε τέταρτο του πλανήτη

industries whose products are consumed, not only at home, but in every quarter of the globe

Στη θέση των παλιών επιθυμιών, που ικανοποιούνται από τις παραγωγές της χώρας, βρίσκουμε νέες επιθυμίες

In place of the old wants, satisfied by the productions of the country, we find new wants

Αυτές οι νέες επιθυμίες απαιτούν για την ικανοποίησή τους τα προϊόντα μακρινών χωρών και κλιμάτων

these new wants require for their satisfaction the products of distant lands and climes

Στη θέση της παλιάς τοπικής και εθνικής απομόνωσης και αυτάρκειας, έχουμε το εμπόριο

In place of the old local and national seclusion and self-sufficiency, we have trade

διεθνείς ανταλλαγές προς κάθε κατεύθυνση.

Παγκόσμια αλληλεξάρτηση των εθνών

international exchange in every direction; universal inter-dependence of nations

Και ακριβώς όπως έχουμε εξάρτηση από τα υλικά, έτσι εξαρτόμαστε και από την πνευματική παραγωγή
and just as we have dependency on materials, so we are dependent on intellectual production

Οι πνευματικές δημιουργίες των μεμονωμένων εθνών γίνονται κοινή ιδιοκτησία
The intellectual creations of individual nations become common property

Η εθνική μονομέρεια και η στενοκεφαλιά γίνονται όλο και πιο αδύνατες
National one-sidedness and narrow-mindedness become more and more impossible

Και από τις πολυάριθμες εθνικές και τοπικές λογοτεχνίες, προκύπτει μια παγκόσμια λογοτεχνία
and from the numerous national and local literatures, there arises a world literature

με την ταχεία βελτίωση όλων των μέσων παραγωγής
by the rapid improvement of all instruments of production

με τα εξαιρετικά διευκολυνόμενα μέσα επικοινωνίας
by the immensely facilitated means of communication

Η αστική τάξη έλκει όλους (ακόμα και τα πιο βάρβαρα έθνη) στον πολιτισμό
The Bourgeoisie draws all (even the most barbarian nations) into civilisation

Οι φθηνές τιμές των εμπορευμάτων της. το βαρύ πυροβολικό που χτυπά όλα τα κινεζικά τείχη
The cheap prices of its commodities; the heavy artillery that batters down all Chinese walls

Το έντονα πεισματικό μίσος των βαρβάρων για τους ξένους αναγκάζεται να συνθηκολογήσει
the barbarians' intensely obstinate hatred of foreigners is forced to capitulate

Αναγκάζει όλα τα έθνη, επί ποινή εξαφάνισης, να υιοθετήσουν τον αστικό τρόπο παραγωγής

It compels all nations, on pain of extinction, to adopt the Bourgeoisie mode of production

Τους αναγκάζει να εισαγάγουν αυτό που αποκαλεί πολιτισμό ανάμεσά τους

it compels them to introduce what it calls civilisation into their midst

Η αστική τάξη αναγκάζει τους βαρβάρους να γίνουν οι ίδιοι αστοί

The Bourgeoisie force the barbarians to become Bourgeoisie themselves

Με μια λέξη, η αστική τάξη δημιουργεί έναν κόσμο σύμφωνα με τη δική της εικόνα

in a word, the Bourgeoisie creates a world after its own image

Η αστική τάξη έχει υποτάξει την ύπαιθρο στην κυριαρχία των πόλεων

The Bourgeoisie has subjected the countryside to the rule of the towns

Δημιούργησε τεράστιες πόλεις και αύξησε σημαντικά τον αστικό πληθυσμό

It has created enormous cities and greatly increased the urban population

Έσωσε ένα σημαντικό μέρος του πληθυσμού από την ηλιθιότητα της αγροτικής ζωής

it rescued a considerable part of the population from the idiocy of rural life

Αλλά έχει κάνει εκείνους στην ύπαιθρο εξαρτημένους από τις πόλεις

but it has made those in the the countryside dependent on the towns

Και ομοίως, έχει καταστήσει τις βαρβαρικές χώρες εξαρτημένες από τις πολιτισμένες

and likewise, it has made the barbarian countries dependent on the civilised ones

έθνη των αγροτών στα έθνη της αστικής τάξης, η Ανατολή στη Δύση

nations of peasants on nations of Bourgeoisie, the East on the West

Η αστική τάξη καταργεί όλο και περισσότερο τη διασκορπισμένη κατάσταση του πληθυσμού

The Bourgeoisie does away with the scattered state of the population more and more

Έχει συσσωματώσει την παραγωγή και έχει συγκεντρώσει την ιδιοκτησία σε λίγα χέρια

It has agglomerated production, and has concentrated property in a few hands

Η αναγκαία συνέπεια αυτού ήταν ο πολιτικός συγκεντρωτισμός

The necessary consequence of this was political centralisation

Υπήρχαν ανεξάρτητα έθνη και χαλαρά συνδεδεμένες επαρχίες

there had been independent nations and loosely connected provinces

Είχαν ξεχωριστά συμφέροντα, νόμους, κυβερνήσεις και συστήματα φορολογίας

they had separate interests, laws, governments and systems of taxation

Αλλά έχουν συγκεντρωθεί σε ένα έθνος, με μια κυβέρνηση

but they have become lumped together into one nation, with one government

Τώρα έχουν ένα εθνικό ταξικό συμφέρον, ένα μεθοριακό και ένα δασμολόγιο

they now have one national class-interest, one frontier and one customs-tariff

Και αυτό το εθνικό ταξικό συμφέρον ενοποιείται κάτω από έναν κώδικα δικαίου

and this national class-interest is unified under one code of law

Η αστική τάξη έχει επιτύχει πολλά κατά τη διάρκεια της κυριαρχίας της για μόλις εκατό χρόνια

the Bourgeoisie has achieved much during its rule of scarce one hundred years

πιο μαζικές και κολοσσιαίες παραγωγικές δυνάμεις από όλες τις προηγούμενες γενιές μαζί

more massive and colossal productive forces than have all preceding generations together

Οι δυνάμεις της φύσης υποτάσσονται στη θέληση του ανθρώπου και των μηχανών του

Nature's forces are subjugated to the will of man and his machinery

Η χημεία εφαρμόζεται σε όλες τις μορφές βιομηχανίας και τους τύπους γεωργίας

chemistry is applied to all forms of industry and types of agriculture

ατμοπλοΐα, σιδηρόδρομοι, ηλεκτρικοί τηλέγραφοι και τυπογραφείο

steam-navigation, railways, electric telegraphs, and the printing press

εκκαθάριση ολόκληρων ηπείρων για καλλιέργεια, διοχέτευση ποταμών

clearing of whole continents for cultivation, canalisation of rivers

Ολόκληροι πληθυσμοί έχουν εκδιωχθεί από το έδαφος και έχουν τεθεί σε λειτουργία

whole populations have been conjured out of the ground and put to work

Ποιος προηγούμενος αιώνας είχε έστω και ένα προαίσθημα για το τι θα μπορούσε να απελευθερωθεί;

what earlier century had even a presentiment of what could be unleashed?

Ποιος προέβλεψε ότι τέτοιες παραγωγικές δυνάμεις κοιμόντουσαν στην αγκαλιά της κοινωνικής εργασίας;

who predicted that such productive forces slumbered in the lap of social labour?

Βλέπουμε λοιπόν ότι τα μέσα παραγωγής και ανταλλαγής δημιουργήθηκαν στη φεουδαρχική κοινωνία

we see then that the means of production and of exchange were generated in feudal society

τα μέσα παραγωγής πάνω στα θεμέλια των οποίων οικοδομήθηκε η αστική τάξη·

the means of production on whose foundation the Bourgeoisie built itself up

Σε ένα ορισμένο στάδιο της ανάπτυξης αυτών των μέσων παραγωγής και ανταλλαγής

At a certain stage in the development of these means of production and of exchange

τις συνθήκες υπό τις οποίες η φεουδαρχική κοινωνία παρήγαγε και αντάλλασσε·

the conditions under which feudal society produced and exchanged

Η φεουδαρχική οργάνωση της γεωργίας και της μεταποιητικής βιομηχανίας

the feudal organisation of agriculture and manufacturing industry

Οι φεουδαρχικές σχέσεις ιδιοκτησίας δεν ήταν πλέον συμβατές με τις υλικές συνθήκες

the feudal relations of property were no longer compatible with the material conditions

Έπρεπε να εκραγούν, έτσι έσκασαν κάτω

They had to be burst asunder, so they were burst asunder

Στη θέση τους μπήκε ο ελεύθερος ανταγωνισμός από τις παραγωγικές δυνάμεις

Into their place stepped free competition from the productive forces

και συνοδεύονταν από ένα κοινωνικό και πολιτικό σύνταγμα προσαρμοσμένο σε αυτό

and they were accompanied by a social and political constitution adapted to it

και συνοδεύτηκε από την οικονομική και πολιτική κυριαρχία της αστικής τάξης

and it was accompanied by the economical and political sway of the Bourgeoisie class

Ένα παρόμοιο κίνημα συμβαίνει μπροστά στα μάτια μας

A similar movement is going on before our own eyes

Η σύγχρονη αστική κοινωνία με τις σχέσεις παραγωγής, ανταλλαγής και ιδιοκτησίας

Modern Bourgeoisie society with its relations of production, and of exchange, and of property

Μια κοινωνία που έχει επινοήσει τέτοια γιγαντιαία μέσα παραγωγής και ανταλλαγής

a society that has conjured up such gigantic means of production and of exchange

Είναι σαν τον μάγο που επικαλέστηκε τις δυνάμεις του κάτω κόσμου

it is like the sorcerer who called up the powers of the nether world

Αλλά δεν είναι πλέον σε θέση να ελέγξει αυτό που έχει φέρει στον κόσμο

but he is no longer able to control what he has brought into the world

Για πολλές δεκαετίες η ιστορία ήταν δεμένη με ένα κοινό νήμα

For many a decade past history was tied together by a common thread

Η ιστορία της βιομηχανίας και του εμπορίου δεν ήταν παρά η ιστορία των εξεγέρσεων

the history of industry and commerce has been but the history of revolts

τις εξεγέρσεις των σύγχρονων παραγωγικών δυνάμεων ενάντια στις σύγχρονες συνθήκες παραγωγής

the revolts of modern productive forces against modern conditions of production

τις εξεγέρσεις των σύγχρονων παραγωγικών δυνάμεων ενάντια στις σχέσεις ιδιοκτησίας

the revolts of modern productive forces against property relations

Αυτές οι σχέσεις ιδιοκτησίας είναι οι όροι ύπαρξης της αστικής τάξης

these property relations are the conditions for the existence of the Bourgeoisie

Και η ύπαρξη της αστικής τάξης καθορίζει τους κανόνες για τις σχέσεις ιδιοκτησίας

and the existence of the Bourgeoisie determines the rules for property relations

Αρκεί να αναφέρουμε την περιοδική επιστροφή των εμπορικών κρίσεων

it is enough to mention the periodical return of commercial crises

κάθε εμπορική κρίση είναι πιο απειλητική για την αστική κοινωνία από την προηγούμενη

each commercial crisis is more threatening to Bourgeoisie society than the last

Σε αυτές τις κρίσεις ένα μεγάλο μέρος των υπαρχόντων προϊόντων καταστρέφεται

In these crises a great part of the existing products are destroyed

Αλλά αυτές οι κρίσεις καταστρέφουν επίσης τις παραγωγικές δυνάμεις που δημιουργήθηκαν προηγουμένως

but these crises also destroy the previously created productive forces

Σε όλες τις προηγούμενες εποχές αυτές οι επιδημίες θα φαίνονταν παραλογισμός

in all earlier epochs these epidemics would have seemed an absurdity

Επειδή αυτές οι επιδημίες είναι οι εμπορικές κρίσεις της υπερπαραγωγής

because these epidemics are the commercial crises of over-production

Η κοινωνία ξαφνικά βρίσκεται ξανά σε μια κατάσταση στιγμιαίας βαρβαρότητας

Society suddenly finds itself put back into a state of momentary barbarism

Λες και ένας παγκόσμιος πόλεμος καταστροφής είχε κόψει κάθε μέσο επιβίωσης

as if a universal war of devastation had cut off every means of subsistence

η βιομηχανία και το εμπόριο φαίνεται να έχουν καταστραφεί· Και γιατί;

industry and commerce seem to have been destroyed; and why?

Επειδή υπάρχει πάρα πολύς πολιτισμός και μέσα διαβίωσης

Because there is too much civilisation and means of subsistence

Και επειδή υπάρχει πάρα πολλή βιομηχανία και πάρα πολύ εμπόριο

and because there is too much industry, and too much commerce

Οι παραγωγικές δυνάμεις που έχει στη διάθεσή της η κοινωνία δεν αναπτύσσουν πλέον την αστική ιδιοκτησία

The productive forces at the disposal of society no longer develop Bourgeoisie property

Αντίθετα, έχουν γίνει πολύ ισχυροί για αυτές τις συνθήκες, από τις οποίες δεσμεύονται

on the contrary, they have become too powerful for these conditions, by which they are fettered

Μόλις ξεπεράσουν αυτά τα δεσμά, φέρνουν αταξία σε ολόκληρη την αστική κοινωνία

as soon as they overcome these fetters, they bring disorder into the whole of Bourgeoisie society

και οι παραγωγικές δυνάμεις θέτουν σε κίνδυνο την ύπαρξη της αστικής ιδιοκτησίας

and the productive forces endanger the existence of Bourgeoisie property

Οι συνθήκες της αστικής κοινωνίας είναι πολύ στενές για να περιλαμβάνουν τον πλούτο που δημιουργείται από αυτές

The conditions of Bourgeoisie society are too narrow to comprise the wealth created by them

Και πώς ξεπερνάει η αστική τάξη αυτές τις κρίσεις;

And how does the Bourgeoisie get over these crises?

Από τη μια πλευρά, ξεπερνά αυτές τις κρίσεις με την αναγκαστική καταστροφή μιας μάζας παραγωγικών δυνάμεων

On the one hand, it overcomes these crises by the enforced destruction of a mass of productive forces

Από την άλλη πλευρά, ξεπερνά αυτές τις κρίσεις με την κατάκτηση νέων αγορών

on the other hand, it overcomes these crises by the conquest of new markets

Και ξεπερνά αυτές τις κρίσεις με την πιο ολοκληρωτική εκμετάλλευση των παλιών παραγωγικών δυνάμεων

and it overcomes these crises by the more thorough exploitation of the old forces of production

Δηλαδή, ανοίγοντας το δρόμο για πιο εκτεταμένες και πιο καταστροφικές κρίσεις

That is to say, by paving the way for more extensive and more destructive crises

Ξεπερνά την κρίση μειώνοντας τα μέσα πρόληψης των κρίσεων

it overcomes the crisis by diminishing the means whereby crises are prevented

Τα όπλα με τα οποία η αστική τάξη έριξε τη φεουδαρχία στο έδαφος στρέφονται τώρα εναντίον της

The weapons with which the Bourgeoisie felled feudalism to the ground are now turned against itself

Αλλά όχι μόνο η αστική τάξη έχει σφυρηλατήσει τα όπλα που φέρνουν το θάνατο στον εαυτό της

But not only has the Bourgeoisie forged the weapons that bring death to itself

Έχει επίσης δημιουργήσει τους άνδρες που πρόκειται να χειριστούν αυτά τα όπλα

it has also called into existence the men who are to wield those weapons

Και αυτοί οι άνθρωποι είναι η σύγχρονη εργατική τάξη. Αυτοί είναι οι προλετάριοι

and these men are the modern working class; they are the proletarians

Στην αναλογία που αναπτύσσεται η αστική τάξη, στην ίδια αναλογία αναπτύσσεται και το προλεταριάτο

In proportion as the Bourgeoisie is developed, in the same proportion is the Proletariat developed

Η σύγχρονη εργατική τάξη ανέπτυξε μια τάξη εργατών

the modern working class developed a class of labourers

Αυτή η τάξη των εργατών ζει μόνο όσο βρίσκουν δουλειά

this class of labourers live only so long as they find work

Και βρίσκουν δουλειά μόνο όσο η εργασία τους αυξάνει το κεφάλαιο

and they find work only so long as their labour increases capital

Αυτοί οι εργάτες, που πρέπει να πουλήσουν τον εαυτό τους με το κομμάτι, είναι εμπόρευμα

These labourers, who must sell themselves piece-meal, are a commodity

Αυτοί οι εργάτες είναι σαν κάθε άλλο είδος εμπορίου

these labourers are like every other article of commerce

και, κατά συνέπεια, εκτίθενται σε όλες τις αντιξοότητες του ανταγωνισμού

and they are consequently exposed to all the vicissitudes of competition

Πρέπει να αντιμετωπίσουν όλες τις διακυμάνσεις της αγοράς

they have to weather all the fluctuations of the market

Λόγω της εκτεταμένης χρήσης μηχανημάτων και του καταμερισμού της εργασίας

Owing to the extensive use of machinery and to division of labour

Η δουλειά των προλετάριων έχει χάσει κάθε ατομικό χαρακτήρα

the work of the proletarians has lost all individual character

Και κατά συνέπεια, η δουλειά των προλετάριων έχει χάσει κάθε γοητεία για τον εργάτη

and consequently, the work of the proletarians has lost all charm for the workman

Γίνεται ένα εξάρτημα της μηχανής, παρά ο άνθρωπος που ήταν κάποτε

He becomes an appendage of the machine, rather than the man he once was

Μόνο η πιο απλή, μονότονη και πιο εύκολα αποκτηθείσα ικανότητα απαιτείται από αυτόν

only the most simple, monotonous, and most easily acquired knack is required of him

Ως εκ τούτου, το κόστος παραγωγής ενός εργάτη είναι περιορισμένο

Hence, the cost of production of a workman is restricted

περιορίζεται σχεδόν εξ ολοκλήρου στα μέσα διαβίωσης που χρειάζεται για τη συντήρησή του

it is restricted almost entirely to the means of subsistence that he requires for his maintenance

Και περιορίζεται στα μέσα διαβίωσης που χρειάζεται για τη διάδοση της φυλής του

and it is restricted to the means of subsistence that he requires for the propagation of his race

Αλλά η τιμή ενός εμπορεύματος, και επομένως και της εργασίας, είναι ίση με τα έξοδα παραγωγής του

But the price of a commodity, and therefore also of labour, is equal to its cost of production

Αναλογικά, λοιπόν, όσο αυξάνεται η αποκρουστικότητα της εργασίας, μειώνεται και ο μισθός

In proportion, therefore, as the repulsiveness of the work increases, the wage decreases

Όχι, η αποκρουστικότητα της δουλειάς του αυξάνεται με ακόμη μεγαλύτερο ρυθμό

Nay, the repulsiveness of his work increases at an even greater rate

Καθώς αυξάνεται η χρήση μηχανημάτων και ο καταμερισμός της εργασίας, αυξάνεται και το βάρος του μόχθου

as the use of machinery and division of labour increases, so does the burden of toil

Το βάρος του μόχθου αυξάνεται με την επιμήκυνση του ωραρίου εργασίας

the burden of toil is increased by prolongation of the working hours

Περισσότερα αναμένονται από τον εργάτη στον ίδιο χρόνο όπως και πριν

more is expected of the labourer in the same time as before

Και φυσικά το βάρος του μόχθου αυξάνεται από την ταχύτητα των μηχανημάτων

and of course the burden of the toil is increased by the speed of the machinery

Η σύγχρονη βιομηχανία έχει μετατρέψει το μικρό εργαστήριο του πατριαρχικού αφέντη στο μεγάλο εργοστάσιο του βιομηχανικού καπιταλιστή

Modern industry has converted the little workshop of the patriarchal master into the great factory of the industrial capitalist

Μάζες εργατών, συνωστισμένες στο εργοστάσιο, οργανώνονται σαν στρατιώτες

Masses of labourers, crowded into the factory, are organised like soldiers

Ως ιδιώτες του βιομηχανικού στρατού τίθενται υπό τη διοίκηση μιας τέλειας ιεραρχίας αξιωματικών και λοχιών

As privates of the industrial army they are placed under the command of a perfect hierarchy of officers and sergeants

Δεν είναι μόνο σκλάβοι της αστικής τάξης και του κράτους

they are not only the slaves of the Bourgeoisie class and State

Αλλά είναι επίσης καθημερινά και ωριαία σκλαβωμένα από τη μηχανή

but they are also daily and hourly enslaved by the machine

Είναι υποδουλωμένοι από τον παραβλέποντα και, πάνω απ' όλα, από τον ίδιο τον μεμονωμένο κατασκευαστή της αστικής τάξης

they are enslaved by the over-looker, and, above all, by the individual Bourgeoisie manufacturer himself

Όσο πιο ανοιχτά αυτός ο δεσποτισμός διακηρύσσει ότι το κέρδος είναι ο σκοπός και ο στόχος του, τόσο πιο μικροπρεπής, τόσο πιο μισητός και τόσο πιο πικραμένος είναι

The more openly this despotism proclaims gain to be its end and aim, the more petty, the more hateful and the more embittering it is

Όσο πιο σύγχρονη βιομηχανία αναπτύσσεται, τόσο μικρότερες είναι οι διαφορές μεταξύ των φύλων

the more modern industry becomes developed, the lesser are the differences between the sexes

Όσο λιγότερη είναι η ικανότητα και η άσκηση δύναμης που συνεπάγεται η χειρωνακτική εργασία, τόσο περισσότερο η εργασία των ανδρών αντικαθίσταται από εκείνη των γυναικών

The less the skill and exertion of strength implied in manual labour, the more is the labour of men superseded by that of women

Οι διαφορές ηλικίας και φύλου δεν έχουν πλέον καμία
διακριτή κοινωνική εγκυρότητα για την εργατική τάξη
Differences of age and sex no longer have any distinctive
social validity for the working class
Όλα είναι εργαλεία εργασίας, περισσότερο ή λιγότερο
ακριβά στη χρήση, ανάλογα με την ηλικία και το φύλο
τους
All are instruments of labour, more or less expensive to use,
according to their age and sex
μόλις ο εργάτης πάρει το μισθό του σε μετρητά, από ό,
τι καθορίζεται από τα άλλα τμήματα της αστικής τάξης
as soon as the labourer receives his wages in cash, than he is
set upon by the other portions of the Bourgeoisie
ο ιδιοκτήτης, ο καταστηματάρχης, ο ενεχυροδανειστής
κ.λπ
the landlord, the shopkeeper, the pawnbroker, etc
Τα κατώτερα στρώματα της μεσαίας τάξης. Οι μικροί
έμποροι και οι καταστηματάρχες
The lower strata of the middle class; the small trades people
and shopkeepers
Οι συνταξιούχοι έμποροι γενικά, οι χειροτέχνες και οι
αγρότες
the retired tradesmen generally, and the handicraftsmen and
peasants
Όλα αυτά βυθίζονται βαθμιαία στο προλεταριάτο
all these sink gradually into the Proletariat
εν μέρει επειδή το μικρό τους κεφάλαιο δεν επαρκεί για
την κλίμακα στην οποία διεξάγεται η σύγχρονη
βιομηχανία
partly because their diminutive capital does not suffice for the
scale on which Modern Industry is carried on
Και επειδή κατακλύζεται από τον ανταγωνισμό με τους
μεγάλους καπιταλιστές
and because it is swamped in the competition with the large
capitalists

Εν μέρει επειδή η εξειδικευμένη δεξιότητά τους
καθίσταται άχρηστη από τις νέες μεθόδους παραγωγής
partly because their specialized skill is rendered worthless by
the new methods of production
Έτσι το προλεταριάτο στρατολογείται από όλες τις
τάξεις του πληθυσμού
Thus the Proletariat is recruited from all classes of the
population
Το προλεταριάτο περνάει από διάφορα στάδια
ανάπτυξης
The Proletariat goes through various stages of development
Με τη γέννησή της αρχίζει ο αγώνας της με την αστική
τάξη
With its birth begins its struggle with the Bourgeoisie
Στην αρχή ο αγώνας διεξάγεται από μεμονωμένους
εργάτες
At first the contest is carried on by individual labourers
Στη συνέχεια, ο διαγωνισμός διεξάγεται από τους
εργάτες ενός εργοστασίου
then the contest is carried on by the workpeople of a factory
Στη συνέχεια, ο διαγωνισμός διεξάγεται από τους
πράκτορες ενός επαγγέλματος, σε μια τοποθεσία
then the contest is carried on by the operatives of one trade, in
one locality
Και ο ανταγωνισμός είναι τότε ενάντια στην ατομική
αστική τάξη που την εκμεταλλεύεται άμεσα
and the contest is then against the individual Bourgeoisie who
directly exploits them
Κατευθύνουν τις επιθέσεις τους όχι ενάντια στις αστικές
συνθήκες παραγωγής
They direct their attacks not against the Bourgeoisie
conditions of production
Αλλά κατευθύνουν την επίθεσή τους ενάντια στα ίδια
τα μέσα παραγωγής
but they direct their attack against the instruments of
production themselves

Καταστρέφουν εισαγόμενα προϊόντα που ανταγωνίζονται την εργασία τους

they destroy imported wares that compete with their labour

Θρυμματίζουν μηχανήματα και πυρπολούν εργοστάσια

they smash to pieces machinery and they set factories ablaze

Επιδιώκουν να αποκαταστήσουν με τη βία την εξαφανισμένη κατάσταση του εργάτη του Μεσαίωνα

they seek to restore by force the vanished status of the workman of the Middle Ages

Σε αυτό το στάδιο οι εργάτες εξακολουθούν να αποτελούν μια ασυνάρτητη μάζα διασκορπισμένη σε ολόκληρη τη χώρα

At this stage the labourers still form an incoherent mass scattered over the whole country

και διαλύονται από τον αμοιβαίο ανταγωνισμό τους

and they are broken up by their mutual competition

Αν οπουδήποτε ενωθούν για να σχηματίσουν πιο συμπαγή σώματα, αυτό δεν είναι ακόμα η συνέπεια της δικής τους ενεργού ένωσης

If anywhere they unite to form more compact bodies, this is not yet the consequence of their own active union

αλλά είναι συνέπεια της ένωσης της αστικής τάξης, για την επίτευξη των δικών της πολιτικών σκοπών

but it is a consequence of the union of the Bourgeoisie, to attain its own political ends

Η αστική τάξη είναι υποχρεωμένη να θέσει σε κίνηση ολόκληρο το προλεταριάτο

the Bourgeoisie is compelled to set the whole Proletariat in motion

Και επιπλέον, για μια στιγμή, η αστική τάξη είναι σε θέση να το κάνει

and moreover, for a time being, the Bourgeoisie is able to do so

Σε αυτό το στάδιο, επομένως, οι προλετάριοι δεν πολεμούν τους εχθρούς τους

At this stage, therefore, the proletarians do not fight their enemies

Αλλά αντ' αυτού πολεμούν τους εχθρούς των εχθρών τους

but instead they are fighting the enemies of their enemies

Ο αγώνας: τα απομεινάρια της απόλυτης μοναρχίας και οι γαιοκτήμονες

the fight the remnants of absolute monarchy and the landowners

πολεμούν τη μη βιομηχανική αστική τάξη· η μικροαστική τάξη

they fight the non-industrial Bourgeoisie; the petty Bourgeoisie

Έτσι, ολόκληρο το ιστορικό κίνημα συγκεντρώνεται στα χέρια της αστικής τάξης

Thus the whole historical movement is concentrated in the hands of the Bourgeoisie

Κάθε νίκη που επιτυγχάνεται με αυτόν τον τρόπο είναι μια νίκη για την αστική τάξη

every victory so obtained is a victory for the Bourgeoisie

Αλλά με την ανάπτυξη της βιομηχανίας το προλεταριάτο όχι μόνο αυξάνεται σε αριθμό

But with the development of industry the Proletariat not only increases in number

το προλεταριάτο συγκεντρώνεται σε μεγαλύτερες μάζες και η δύναμή του μεγαλώνει

the Proletariat becomes concentrated in greater masses and its strength grows

Και το προλεταριάτο νιώθει αυτή τη δύναμη όλο και περισσότερο

and the Proletariat feels that strength more and more

Τα διάφορα συμφέροντα και οι συνθήκες ζωής μέσα στις γραμμές του προλεταριάτου εξισώνονται όλο και περισσότερο

The various interests and conditions of life within the ranks of the Proletariat are more and more equalised

Γίνονται όλο και περισσότερο αναλογικές, καθώς οι
μηχανές εξαλείφουν όλες τις διακρίσεις της εργασίας
they become more in proportion as machinery obliterates all
distinctions of labour

Και τα μηχανήματα σχεδόν παντού μειώνουν τους
μισθούς στο ίδιο χαμηλό επίπεδο
and machinery nearly everywhere reduces wages to the same
low level

Ο αυξανόμενος ανταγωνισμός ανάμεσα στην αστική
τάξη, και οι επακόλουθες εμπορικές κρίσεις, κάνουν
τους μισθούς των εργατών όλο και πιο κυμαινόμενους
The growing competition among the Bourgeoisie, and the
resulting commercial crises, make the wages of the workers
ever more fluctuating

Η αδιάκοπη βελτίωση των μηχανών, που αναπτύσσεται
όλο και πιο γρήγορα, καθιστά τα μέσα διαβίωσής τους
όλο και πιο επισφαλή
The unceasing improvement of machinery, ever more rapidly
developing, makes their livelihood more and more precarious

Οι συγκρούσεις ανάμεσα σε μεμονωμένους εργάτες και
μεμονωμένους αστούς παίρνουν όλο και περισσότερο το
χαρακτήρα συγκρούσεων ανάμεσα σε δύο τάξεις
the collisions between individual workmen and individual
Bourgeoisie take more and more the character of collisions
between two classes

Τότε οι εργάτες αρχίζουν να σχηματίζουν συνδυασμούς
(συνδικάτα) ενάντια στην αστική τάξη
Thereupon the workers begin to form combinations (Trades
Unions) against the Bourgeoisie

Συνασπίζονται για να διατηρήσουν το ποσοστό των
μισθών
they club together in order to keep up the rate of wages

Βρήκαν μόνιμες ενώσεις για να προνοήσουν εκ των
προτέρων για αυτές τις περιστασιακές εξεγέρσεις
they found permanent associations in order to make provision
beforehand for these occasional revolts

Εδώ κι εκεί ο διαγωνισμός ξεσπά σε ταραχές

Here and there the contest breaks out into riots

Μια στο τόσο οι εργάτες νικούν, αλλά μόνο για ένα διάστημα

Now and then the workers are victorious, but only for a time

Ο πραγματικός καρπός των αγώνων τους βρίσκεται, όχι στο άμεσο αποτέλεσμα, αλλά στη συνεχώς διευρυνόμενη ένωση των εργατών

The real fruit of their battles lies, not in the immediate result, but in the ever-expanding union of the workers

Αυτή η ένωση βοηθείται από τα βελτιωμένα μέσα επικοινωνίας που δημιουργούνται από τη σύγχρονη βιομηχανία

This union is helped on by the improved means of communication that are created by modern industry

Η σύγχρονη επικοινωνία φέρνει τους εργαζόμενους διαφορετικών τοποθεσιών σε επαφή μεταξύ τους

modern communication places the workers of different localities in contact with one another

Ήταν ακριβώς αυτή η επαφή που χρειαζόταν για να συγκεντρωθούν οι πολυάριθμοι τοπικοί αγώνες σε μια εθνική πάλη μεταξύ των τάξεων

It was just this contact that was needed to centralise the numerous local struggles into one national struggle between classes

Όλοι αυτοί οι αγώνες έχουν τον ίδιο χαρακτήρα και κάθε ταξική πάλη είναι πολιτική πάλη

all of these struggles are of the same character, and every class struggle is a political struggle

Οι αστοί του Μεσαίωνα, με τις άθλιες λεωφόρους τους, χρειάστηκαν αιώνες για να σχηματίσουν τις ενώσεις τους

the burghers of the Middle Ages, with their miserable highways, required centuries to form their unions

Οι σύγχρονοι προλετάριοι, χάρη στους σιδηροδρόμους, αποκτούν τα συνδικάτα τους μέσα σε λίγα χρόνια

the modern proletarians, thanks to railways, achieve their
unions within a few years

**Αυτή η οργάνωση των προλετάριων σε τάξη τους
διαμόρφωσε κατά συνέπεια σε πολιτικό κόμμα**

This organisation of the proletarians into a class consequently
formed them into a political party

**Η πολιτική τάξη συνεχώς αναστατώνεται από τον
ανταγωνισμό μεταξύ των ίδιων των εργατών**

the political class is continually being upset again by the
competition between the workers themselves

**Αλλά η πολιτική τάξη συνεχίζει να ξεσηκώνεται ξανά,
ισχυρότερη, σταθερότερη, ισχυρότερη**

But the political class continues to rise up again, stronger,
firmer, mightier

**Επιβάλλει τη νομοθετική αναγνώριση ιδιαίτερων
συμφερόντων των εργαζομένων**

It compels legislative recognition of particular interests of the
workers

**Το κάνει αυτό εκμεταλλευόμενη τις διαιρέσεις μέσα
στην ίδια την αστική τάξη**

it does this by taking advantage of the divisions among the
Bourgeoisie itself

**Έτσι, το νομοσχέδιο για το δεκάωρο στην Αγγλία
τέθηκε σε νόμο**

Thus the ten-hours' bill in England was put into law

**Από πολλές απόψεις, οι συγκρούσεις μεταξύ των τάξεων
της παλιάς κοινωνίας είναι η πορεία ανάπτυξης του
προλεταριάτου**

in many ways the collisions between the classes of the old
society further is the course of development of the Proletariat

**Η αστική τάξη βρίσκεται μπλεγμένη σε μια συνεχή
μάχη**

The Bourgeoisie finds itself involved in a constant battle

**Στην αρχή θα βρεθεί μπλεγμένη σε μια συνεχή μάχη με
την αριστοκρατία**

At first it will find itself involved in a constant battle with the aristocracy

Αργότερα θα βρεθεί μπλεγμένη σε μια συνεχή μάχη με εκείνα τα τμήματα της ίδιας της αστικής τάξης

later on it will find itself involved in a constant battle with those portions of the Bourgeoisie itself

Και τα συμφέροντά τους θα έχουν γίνει ανταγωνιστικά προς την πρόοδο της βιομηχανίας

and their interests will have become antagonistic to the progress of industry

Ανά πάσα στιγμή, τα συμφέροντά τους θα έχουν γίνει ανταγωνιστικά με την αστική τάξη των ξένων χωρών

at all times, their interests will have become antagonistic with the Bourgeoisie of foreign countries

Σε όλες αυτές τις μάχες βλέπει τον εαυτό του υποχρεωμένο να απευθυνθεί στο προλεταριάτο και ζητά τη βοήθειά του

In all these battles it sees itself compelled to appeal to the Proletariat, and asks for its help

Και έτσι, θα αισθανθεί υποχρεωμένο να το σύρει στην πολιτική αρένα

and thus, it will feel compelled to drag it into the political arena

Η ίδια η αστική τάξη, επομένως, προμηθεύει το προλεταριάτο με τα δικά της όργανα πολιτικής και γενικής διαπαιδαγώγησης

The Bourgeoisie itself, therefore, supplies the Proletariat with its own instruments of political and general education

με άλλα λόγια, εφοδιάζει το προλεταριάτο με όπλα για την καταπολέμηση της αστικής τάξης

in other words, it furnishes the Proletariat with weapons for fighting the Bourgeoisie

Επιπλέον, όπως έχουμε ήδη δει, ολόκληρα τμήματα των κυρίαρχων τάξεων κατακρημνίζονται στο προλεταριάτο

Further, as we have already seen, entire sections of the ruling classes are precipitated into the Proletariat

Η πρόοδος της βιομηχανίας τους ρουφάει στο προλεταριάτο

the advance of industry sucks them into the Proletariat

ή, τουλάχιστον, απειλούνται στις συνθήκες ύπαρξής τους

or, at least, they are threatened in their conditions of existence

Αυτά παρέχουν επίσης στο προλεταριάτο νέα στοιχεία διαφώτισης και προόδου

These also supply the Proletariat with fresh elements of enlightenment and progress

Τέλος, σε καιρούς που η ταξική πάλη πλησιάζει την αποφασιστική ώρα

Finally, in times when the class struggle nears the decisive hour

Η διαδικασία διάλυσης που βρίσκεται σε εξέλιξη μέσα στην άρχουσα τάξη

the process of dissolution going on within the ruling class

Στην πραγματικότητα, η διάλυση που συμβαίνει μέσα στην άρχουσα τάξη θα γίνει αισθητή σε όλο το φάσμα της κοινωνίας

in fact, the dissolution going on within the ruling class will be felt within the whole range of society

Θα πάρει έναν τόσο βίαιο, κραυγαλέο χαρακτήρα, που ένα μικρό τμήμα της άρχουσας τάξης αποκόπτεται

it will take on such a violent, glaring character, that a small section of the ruling class cuts itself adrift

Και αυτή η άρχουσα τάξη θα ενταχθεί στην επαναστατική τάξη

and that ruling class will join the revolutionary class

Η επαναστατική τάξη είναι η τάξη που κρατά το μέλλον στα χέρια της

the revolutionary class being the class that holds the future in its hands

Όπως και σε μια προηγούμενη περίοδο, ένα τμήμα της
αριστοκρατίας πέρασε στην αστική τάξη
Just as at an earlier period, a section of the nobility went over
to the Bourgeoisie
με τον ίδιο τρόπο ένα μέρος της αστικής τάξης θα
περάσει στο προλεταριάτο
the same way a portion of the Bourgeoisie will go over to the
Proletariat
Συγκεκριμένα, ένα μέρος της αστικής τάξης θα περάσει
σε ένα τμήμα των ιδεολόγων της αστικής τάξης
in particular, a portion of the Bourgeoisie will go over to a
portion of the Bourgeoisie ideologists
Αστοί ιδεολόγοι που έχουν ανυψωθεί στο επίπεδο της
θεωρητικής κατανόησης του ιστορικού κινήματος στο
σύνολό του
Bourgeoisie ideologists who have raised themselves to the
level of comprehending theoretically the historical movement
as a whole
Από όλες τις τάξεις που στέκονται πρόσωπο με
πρόσωπο με την αστική τάξη σήμερα, μόνο το
προλεταριάτο είναι μια πραγματικά επαναστατική
τάξη
Of all the classes that stand face to face with the Bourgeoisie
today, the Proletariat alone is a really revolutionary class
Οι άλλες τάξεις παρακμάζουν και τελικά εξαφανίζονται
μπροστά στη σύγχρονη βιομηχανία
The other classes decay and finally disappear in the face of
Modern Industry
Το προλεταριάτο είναι το ιδιαίτερο και ουσιαστικό
προϊόν του
the Proletariat is its special and essential product
Η κατώτερη μεσαία τάξη, ο μικροβιομήχανος, ο
καταστηματάρχης, ο τεχνίτης, ο αγρότης
The lower middle class, the small manufacturer, the
shopkeeper, the artisan, the peasant
Όλοι αυτοί παλεύουν ενάντια στην αστική τάξη

all these fight against the Bourgeoisie

Πολεμούν ως φράξια της μεσαίας τάξης για να σωθούν από την εξαφάνιση

they fight as fractions of the middle class to save themselves from extinction

Επομένως, δεν είναι επαναστάτες, αλλά συντηρητικοί

They are therefore not revolutionary, but conservative

Επιπλέον, είναι αντιδραστικοί, γιατί προσπαθούν να γυρίσουν πίσω τον τροχό της ιστορίας

Nay more, they are reactionary, for they try to roll back the wheel of history

Αν κατά τύχη είναι επαναστάτες, είναι επαναστάτες μόνο ενόψει της επικείμενης μεταφοράς τους στο προλεταριάτο

If by chance they are revolutionary, they are so only in view of their impending transfer into the Proletariat

Υπερασπίζονται έτσι όχι το παρόν τους, αλλά τα μελλοντικά τους συμφέροντα

they thus defend not their present, but their future interests

εγκαταλείπουν τη δική τους άποψη για να τοποθετηθούν σε εκείνη του προλεταριάτου

they desert their own standpoint to place themselves at that of the Proletariat

Η «επικίνδυνη τάξη», τα κοινωνικά αποβράσματα, αυτή η παθητικά σάπια μάζα που εκτοξεύεται από τα χαμηλότερα στρώματα της παλιάς κοινωνίας

The "dangerous class," the social scum, that passively rotting mass thrown off by the lowest layers of old society

Μπορεί, εδώ κι εκεί, να παρασυρθούν στο κίνημα από μια προλεταριακή επανάσταση

they may, here and there, be swept into the movement by a proletarian revolution

Οι συνθήκες ζωής του, ωστόσο, το προετοιμάζουν πολύ περισσότερο για το ρόλο ενός δωροδοκούμενου εργαλείου αντιδραστικής ίντριγκας

its conditions of life, however, prepare it far more for the part of a bribed tool of reactionary intrigue

Στις συνθήκες του προλεταριάτου, οι συνθήκες της παλιάς κοινωνίας γενικά είναι ήδη ουσιαστικά κατακλυσμένες

In the conditions of the Proletariat, those of old society at large are already virtually swamped

Ο προλετάριος είναι χωρίς ιδιοκτησία

The proletarian is without property

Η σχέση του με τη γυναίκα και τα παιδιά του δεν έχει πια τίποτα κοινό με τις οικογενειακές σχέσεις της αστικής τάξης

his relation to his wife and children has no longer anything in common with the Bourgeoisie's family-relations

Σύγχρονη βιομηχανική εργασία, σύγχρονη υποταγή στο κεφάλαιο, το ίδιο στην Αγγλία όπως και στη Γαλλία, στην Αμερική όπως και στη Γερμανία

modern industrial labour, modern subjection to capital, the same in England as in France, in America as in Germany

Η κατάστασή του στην κοινωνία τον έχει απογυμνώσει από κάθε ίχνος εθνικού χαρακτήρα

his condition in society has stripped him of every trace of national character

Ο νόμος, η ηθική, η θρησκεία, είναι γι' αυτόν τόσες πολλές προκαταλήψεις της αστικής τάξης

Law, morality, religion, are to him so many Bourgeoisie prejudices

Και πίσω από αυτές τις προκαταλήψεις κρύβονται σε ενέδρα ακριβώς όπως πολλά συμφέροντα της αστικής τάξης

and behind these prejudices lurk in ambush just as many Bourgeoisie interests

Όλες οι προηγούμενες τάξεις που πήραν το πάνω χέρι, προσπάθησαν να ενισχύσουν την ήδη αποκτηθείσα θέση τους

All the preceding classes that got the upper hand, sought to fortify their already acquired status

Το έκαναν αυτό υποβάλλοντας την κοινωνία στο σύνολό της στις συνθήκες ιδιοποίησής τους

they did this by subjecting society at large to their conditions of appropriation

Οι προλετάριοι δεν μπορούν να γίνουν κύριοι των παραγωγικών δυνάμεων της κοινωνίας

The proletarians cannot become masters of the productive forces of society

Αυτό μπορεί να γίνει μόνο με την κατάργηση του δικού τους προηγούμενου τρόπου ιδιοποίησης

it can only do this by abolishing their own previous mode of appropriation

και έτσι καταργεί επίσης κάθε άλλο προηγούμενο τρόπο ιδιοποίησης

and thereby it also abolishes every other previous mode of appropriation

Δεν έχουν τίποτα δικό τους να εξασφαλίσουν και να οχυρώσουν

They have nothing of their own to secure and to fortify

Η αποστολή τους είναι να καταστρέψουν όλες τις προηγούμενες ασφάλειες και ασφάλειες ατομικής περιουσίας

their mission is to destroy all previous securities for, and insurances of, individual property

Όλα τα προηγούμενα ιστορικά κινήματα ήταν κινήματα μειονοτήτων

All previous historical movements were movements of minorities

ή ήταν κινήματα προς το συμφέρον των μειονοτήτων

or they were movements in the interests of minorities

Το προλεταριακό κίνημα είναι το αυτοσυνείδητο, ανεξάρτητο κίνημα της τεράστιας πλειοψηφίας

The proletarian movement is the self-conscious, independent movement of the immense majority

Και είναι ένα κίνημα προς το συμφέρον της τεράστιας πλειοψηφίας

and it is a movement in the interests of the immense majority

Το προλεταριάτο, το κατώτερο στρώμα της σημερινής κοινωνίας μας

The Proletariat, the lowest stratum of our present society

Δεν μπορεί να ξεσηκωθεί ή να ξεσηκωθεί χωρίς να ξεπηδήσουν στον αέρα όλα τα κατεστημένα στρώματα της επίσημης κοινωνίας

it cannot stir or raise itself up without the whole superincumbent strata of official society being sprung into the air

Αν και όχι στην ουσία, αλλά στη μορφή, ο αγώνας του προλεταριάτου με την αστική τάξη είναι αρχικά εθνικός αγώνας

Though not in substance, yet in form, the struggle of the Proletariat with the Bourgeoisie is at first a national struggle

Το προλεταριάτο κάθε χώρας πρέπει, φυσικά, πρώτα απ' όλα να τακτοποιήσει τα ζητήματα με τη δική του αστική τάξη

The Proletariat of each country must, of course, first of all settle matters with its own Bourgeoisie

Απεικονίζοντας τις πιο γενικές φάσεις της ανάπτυξης του προλεταριάτου, ανιχνεύσαμε τον περισσότερο ή λιγότερο συγκαλυμμένο εμφύλιο πόλεμο

In depicting the most general phases of the development of the Proletariat, we traced the more or less veiled civil war

Αυτός ο πολίτης μαίνεται μέσα στην υπάρχουσα κοινωνία

this civil is raging within existing society

Θα μαίνεται μέχρι το σημείο όπου αυτός ο πόλεμος θα ξεσπάσει σε ανοιχτή επανάσταση

it will rage up to the point where that war breaks out into open revolution

Και τότε η βίαιη ανατροπή της αστικής τάξης θέτει τα θεμέλια για την κυριαρχία του προλεταριάτου

and then the violent overthrow of the Bourgeoisie lays the
foundation for the sway of the Proletariat

Μέχρι τώρα, κάθε μορφή κοινωνίας βασιζόταν, όπως
έχουμε ήδη δει, στον ανταγωνισμό των καταπιεζόμενων
και καταπιεζόμενων τάξεων

Hitherto, every form of society has been based, as we have
already seen, on the antagonism of oppressing and oppressed
classes

Αλλά για να καταπιέσει μια τάξη, πρέπει να της
εξασφαλιστούν ορισμένες προϋποθέσεις

But in order to oppress a class, certain conditions must be
assured to it

Η τάξη πρέπει να διατηρηθεί κάτω από συνθήκες στις
οποίες μπορεί, τουλάχιστον, να συνεχίσει τη δουλική
της ύπαρξη

the class must be kept under conditions in which it can, at
least, continue its slavish existence

Ο δουλοπάροικος, κατά την περίοδο της
δουλοπαροικίας, έγινε μέλος της κομμούνας

The serf, in the period of serfdom, raised himself to
membership in the commune

ακριβώς όπως η μικροαστική τάξη, κάτω από το ζυγό
της φεουδαρχικής απολυταρχίας, κατάφερε να
εξελιχθεί σε αστική τάξη

just as the petty Bourgeoisie, under the yoke of feudal
absolutism, managed to develop into a Bourgeoisie

Ο σύγχρονος εργάτης, αντίθετα, αντί να ανεβαίνει με
την πρόοδο της βιομηχανίας, βυθίζεται όλο και πιο
βαθιά

The modern labourer, on the contrary, instead of rising with
the progress of industry, sinks deeper and deeper

Βυθίζεται κάτω από τις συνθήκες ύπαρξης της δικής
του τάξης

he sinks below the conditions of existence of his own class

Γίνεται άπορος και η εξαθλίωση αναπτύσσεται πιο
γρήγορα από τον πληθυσμό και τον πλούτο

He becomes a pauper, and pauperism develops more rapidly than population and wealth

Και εδώ γίνεται φανερό ότι η αστική τάξη είναι πλέον ακατάλληλη να είναι η άρχουσα τάξη στην κοινωνία

And here it becomes evident, that the Bourgeoisie is unfit any longer to be the ruling class in society

Και είναι ακατάλληλο να επιβάλει τους όρους ύπαρξής του στην κοινωνία ως υπέρτατο νόμο

and it is unfit to impose its conditions of existence upon society as an over-riding law

Είναι ακατάλληλη να κυβερνήσει επειδή είναι ανίκανη να εξασφαλίσει την ύπαρξη στον δούλο της μέσα στη σκλαβιά του

It is unfit to rule because it is incompetent to assure an existence to its slave within his slavery

Γιατί δεν μπορεί παρά να τον αφήσει να βυθιστεί σε μια τέτοια κατάσταση, που πρέπει να τον θρέψει, αντί να τραφεί από αυτόν

because it cannot help letting him sink into such a state, that it has to feed him, instead of being fed by him

Η κοινωνία δεν μπορεί πλέον να ζήσει κάτω από αυτή την αστική τάξη

Society can no longer live under this Bourgeoisie

Με άλλα λόγια, η ύπαρξή του δεν είναι πλέον συμβατή με την κοινωνία

in other words, its existence is no longer compatible with society

Η βασική προϋπόθεση για την ύπαρξη και για την κυριαρχία της αστικής τάξης είναι ο σχηματισμός και η αύξηση του κεφαλαίου

The essential condition for the existence, and for the sway of the Bourgeoisie class, is the formation and augmentation of capital

Η προϋπόθεση για το κεφάλαιο είναι η μισθωτή εργασία

the condition for capital is wage-labour

Η μισθωτή εργασία στηρίζεται αποκλειστικά στον
ανταγωνισμό ανάμεσα στους εργάτες
Wage-labour rests exclusively on competition between the
labourers
Η πρόοδος της βιομηχανίας, της οποίας ακούσιος
υποστηρικτής είναι η αστική τάξη, αντικαθιστά την
απομόνωση των εργατών
The advance of industry, whose involuntary promoter is the
Bourgeoisie, replaces the isolation of the labourers
λόγω ανταγωνισμού, λόγω επαναστατικού συνδυασμού
τους, λόγω συσχέτισης
due to competition, due to their revolutionary combination,
due to association
Η ανάπτυξη της σύγχρονης βιομηχανίας κόβει κάτω
από τα πόδια της τα ίδια τα θεμέλια πάνω στα οποία η
αστική τάξη παράγει και ιδιοποιείται προϊόντα
The development of Modern Industry cuts from under its feet
the very foundation on which the Bourgeoisie produces and
appropriates products
Αυτό που παράγει η αστική τάξη, πάνω απ' όλα, είναι οι
δικοί της νεκροθάφτες
What the Bourgeoisie produces, above all, is its own grave-
diggers
Η πτώση της αστικής τάξης και η νίκη του
προλεταριάτου είναι εξίσου αναπόφευκτες
The fall of the Bourgeoisie and the victory of the Proletariat
are equally inevitable

Προλετάριοι και κομμουνιστές
Proletarians and Communists

Σε ποια σχέση στέκονται οι κομμουνιστές με το σύνολο
των προλετάριων;
In what relation do the Communists stand to the proletarians
as a whole?

Οι κομμουνιστές δεν σχηματίζουν ξεχωριστό κόμμα σε
αντίθεση με άλλα κόμματα της εργατικής τάξης
The Communists do not form a separate party opposed to
other working-class parties

Δεν έχουν συμφέροντα ξεχωριστά και ξέχωρα από
εκείνα του προλεταριάτου στο σύνολό του
They have no interests separate and apart from those of the
proletariat as a whole

Δεν θέτουν δικές τους σεχταριστικές αρχές, με τις οποίες
να διαμορφώσουν και να διαμορφώσουν το
προλεταριακό κίνημα
They do not set up any sectarian principles of their own, by
which to shape and mould the proletarian movement

Οι κομμουνιστές διακρίνονται από τα άλλα κόμματα
της εργατικής τάξης μόνο σε δύο πράγματα
The Communists are distinguished from the other working-
class parties by only two things

Πρώτον, επισημαίνουν και φέρνουν στο προσκήνιο τα
κοινά συμφέροντα ολόκληρου του προλεταριάτου,
ανεξάρτητα από κάθε εθνικότητα
Firstly, they point out and bring to the front the common
interests of the entire proletariat, independently of all
nationality

Αυτό κάνουν στους εθνικούς αγώνες των προλετάριων
των διαφόρων χωρών
this they do in the national struggles of the proletarians of the
different countries

Δεύτερον, πάντα και παντού εκπροσωπούν τα
συμφέροντα του κινήματος στο σύνολό του

Secondly, they always and everywhere represent the interests
of the movement as a whole

**Αυτό το κάνουν στα διάφορα στάδια ανάπτυξης, από τα
οποία πρέπει να περάσει η πάλη της εργατικής τάξης
ενάντια στην αστική τάξη**

this they do in the various stages of development, which the
struggle of the working class against the Bourgeoisie has to
pass through

**Οι κομμουνιστές, επομένως, είναι από τη μια μεριά,
πρακτικά, το πιο προηγμένο και αποφασιστικό τμήμα
των εργατικών κομμάτων κάθε χώρας**

The Communists, therefore, are on the one hand, practically,
the most advanced and resolute section of the working-class
parties of every country

**Είναι εκείνο το τμήμα της εργατικής τάξης που
σπρώχνει προς τα εμπρός όλα τα άλλα**

they are that section of the working class which pushes
forward all others

**Θεωρητικά, έχουν επίσης το πλεονέκτημα της σαφούς
κατανόησης της γραμμής του Μαρτίου**

theoretically, they also have the advantage of clearly
understanding the line of march

**Αυτό το καταλαβαίνουν καλύτερα σε σύγκριση με τη
μεγάλη μάζα του προλεταριάτου**

this they understand better compared the great mass of the
proletariat

**Κατανοούν τις συνθήκες και τα τελικά γενικά
αποτελέσματα του προλεταριακού κινήματος**

they understand the conditions, and the ultimate general
results of the proletarian movement

**Ο άμεσος στόχος του κομμουνιστή είναι ο ίδιος με
αυτόν όλων των άλλων προλεταριακών κομμάτων**

The immediate aim of the Communist is the same as that of all
the other proletarian parties

**Στόχος τους είναι η διαμόρφωση του προλεταριάτου σε
τάξη**

their aim is the formation of the proletariat into a class

στοχεύουν στην ανατροπή της κυριαρχίας της αστικής τάξης

they aim to overthrow the Bourgeoisie supremacy

Ο αγώνας για την κατάκτηση της πολιτικής εξουσίας από το προλεταριάτο

the strive for the conquest of political power by the proletariat

Τα θεωρητικά συμπεράσματα των κομμουνιστών δεν βασίζονται καθόλου σε ιδέες ή αρχές ρεφορμιστών

The theoretical conclusions of the Communists are in no way based on ideas or principles of reformers

Δεν ήταν οι επίδοξοι καθολικοί μεταρρυθμιστές που εφηύραν ή ανακάλυψαν τα θεωρητικά συμπεράσματα των κομμουνιστών.

it wasn't would-be universal reformers that invented or discovered the theoretical conclusions of the Communists

Απλώς εκφράζουν, με γενικούς όρους, πραγματικές σχέσεις που πηγάζουν από μια υπάρχουσα ταξική πάλη

They merely express, in general terms, actual relations springing from an existing class struggle

Και περιγράφουν το ιστορικό κίνημα που συμβαίνει κάτω από τα μάτια μας και δημιούργησαν αυτή την ταξική πάλη

and they describe the historical movement going on under our very eyes that have created this class struggle

Η κατάργηση των υπαρχουσών σχέσεων ιδιοκτησίας δεν είναι καθόλου χαρακτηριστικό γνώρισμα του κομμουνισμού

The abolition of existing property relations is not at all a distinctive feature of Communism

Όλες οι σχέσεις ιδιοκτησίας στο παρελθόν υπόκεινται συνεχώς σε ιστορικές αλλαγές

All property relations in the past have continually been subject to historical change

Και αυτές οι αλλαγές ήταν συνέπεια της αλλαγής των ιστορικών συνθηκών

and these changes were consequent upon the change in
historical conditions

Η Γαλλική Επανάσταση, για παράδειγμα, κατάργησε
τη φεουδαρχική ιδιοκτησία υπέρ της αστικής
ιδιοκτησίας
The French Revolution, for example, abolished feudal
property in favour of Bourgeoisie property

Το χαρακτηριστικό γνώρισμα του κομμουνισμού δεν
είναι η κατάργηση της ιδιοκτησίας, γενικά
The distinguishing feature of Communism is not the abolition
of property, generally

Αλλά το χαρακτηριστικό γνώρισμα του κομμουνισμού
είναι η κατάργηση της αστικής ιδιοκτησίας
but the distinguishing feature of Communism is the abolition
of Bourgeoisie property

Αλλά η ατομική ιδιοκτησία της σύγχρονης αστικής
τάξης είναι η τελική και πληρέστερη έκφραση του
συστήματος παραγωγής και ιδιοποίησης προϊόντων
But modern Bourgeoisie private property is the final and most
complete expression of the system of producing and
appropriating products

Είναι η τελική κατάσταση ενός συστήματος που
βασίζεται σε ταξικούς ανταγωνισμούς, όπου ο ταξικός
ανταγωνισμός είναι η εκμετάλλευση των πολλών από
τους λίγους
it is the final state of a system that is based on class
antagonisms, where class antagonism is the exploitation of the
many by the few

Με αυτή την έννοια, η θεωρία των κομμουνιστών
μπορεί να συνοψιστεί στη μοναδική πρόταση. την
κατάργηση της ατομικής ιδιοκτησίας
In this sense, the theory of the Communists may be summed
up in the single sentence; the Abolition of private property

Εμείς οι κομμουνιστές κατηγορηθήκαμε για την
επιθυμία κατάργησης του δικαιώματος προσωπικής
απόκτησης ιδιοκτησίας

We Communists have been reproached with the desire of abolishing the right of personally acquiring property

Υποστηρίζεται ότι αυτή η ιδιότητα είναι ο καρπός της εργασίας ενός ανθρώπου

it is claimed that this property is the fruit of a man's own labour

Και αυτή η ιδιοκτησία φέρεται να είναι το θεμέλιο κάθε προσωπικής ελευθερίας, δραστηριότητας και ανεξαρτησίας.

and this property is alleged to be the groundwork of all personal freedom, activity and independence.

"Σκληρά κερδισμένη, αυτοαποκτηθείσα, αυτοκερδισμένη ιδιοκτησία!"

"Hard-won, self-acquired, self-earned property!"

Εννοείτε την ιδιοκτησία του μικροτεχνίτη και του μικρού αγρότη;

Do you mean the property of the petty artisan and of the small peasant?

Εννοείτε μια μορφή ιδιοκτησίας που προηγήθηκε της μορφής της αστικής τάξης;

Do you mean a form of property that preceded the Bourgeoisie form?

Δεν υπάρχει λόγος να καταργηθεί αυτό, η ανάπτυξη της βιομηχανίας την έχει ήδη καταστρέψει σε μεγάλο βαθμό

There is no need to abolish that, the development of industry has to a great extent already destroyed it

Και η ανάπτυξη της βιομηχανίας εξακολουθεί να την καταστρέφει καθημερινά

and development of industry is still destroying it daily

Ή μήπως εννοείτε την ατομική ιδιοκτησία της σύγχρονης αστικής τάξης;

Or do you mean modern Bourgeoisie private property?

Αλλά η μισθωτή εργασία δημιουργεί κάποια ιδιοκτησία για τον εργάτη;

But does wage-labour create any property for the labourer?

Όχι, η μισθωτή εργασία δεν δημιουργεί ούτε ένα κομμάτι αυτού του είδους ιδιοκτησίας!

no, wage labour creates not one bit of this kind of property!

Αυτό που δημιουργεί η μισθωτή εργασία είναι το κεφάλαιο. Αυτό το είδος ιδιοκτησίας που εκμεταλλεύεται τη μισθωτή εργασία

what wage labour does create is capital; that kind of property which exploits wage-labour

Το κεφάλαιο δεν μπορεί να αυξηθεί παρά μόνο υπό τον όρο της δημιουργίας μιας νέας προσφοράς μισθωτής εργασίας για νέα εκμετάλλευση

capital cannot increase except upon condition of begetting a new supply of wage-labour for fresh exploitation

Η ιδιοκτησία, στη σημερινή της μορφή, βασίζεται στον ανταγωνισμό κεφαλαίου και μισθωτής εργασίας

Property, in its present form, is based on the antagonism of capital and wage-labour

Ας εξετάσουμε και τις δύο πλευρές αυτού του ανταγωνισμού

Let us examine both sides of this antagonism

Το να είσαι καπιταλιστής σημαίνει να μην έχεις μόνο μια καθαρά προσωπική υπόσταση

To be a capitalist is to have not only a purely personal status

Αντίθετα, το να είσαι καπιταλιστής σημαίνει επίσης να έχεις μια κοινωνική θέση στην παραγωγή

instead, to be a capitalist is also to have a social status in production

επειδή το κεφάλαιο είναι ένα συλλογικό προϊόν. Μόνο με την ενωμένη δράση πολλών μελών μπορεί να τεθεί σε κίνηση

because capital is a collective product; only by the united action of many members can it be set in motion

Αλλά αυτή η ενωμένη δράση είναι η έσχατη λύση, και στην πραγματικότητα απαιτεί όλα τα μέλη της κοινωνίας

but this united action is a last resort, and actually requires all members of society

Το κεφάλαιο μετατρέπεται σε ιδιοκτησία όλων των μελών της κοινωνίας

Capital does get converted into the property of all members of society

Αλλά το Κεφάλαιο δεν είναι, επομένως, μια προσωπική δύναμη. Είναι μια κοινωνική δύναμη

but Capital is, therefore, not a personal power; it is a social power

Έτσι, όταν το κεφάλαιο μετατρέπεται σε κοινωνική ιδιοκτησία, η προσωπική ιδιοκτησία δεν μετατρέπεται έτσι σε κοινωνική ιδιοκτησία

so when capital is converted into social property, personal property is not thereby transformed into social property

Μόνο ο κοινωνικός χαρακτήρας της ιδιοκτησίας αλλάζει και χάνει τον ταξικό της χαρακτήρα

It is only the social character of the property that is changed, and loses its class-character

Ας δούμε τώρα τη μισθωτή εργασία

Let us now look at wage-labour

Η μέση τιμή της μισθωτής εργασίας είναι ο κατώτατος μισθός, δηλαδή το μέγεθος των μέσων διαβίωσης

The average price of wage-labour is the minimum wage, i.e., that quantum of the means of subsistence

Αυτός ο μισθός είναι απολύτως απαραίτητος για την ύπαρξη ενός εργάτη

this wage is absolutely requisite in bare existence as a labourer

Ό,τι λοιπόν ιδιοποιείται ο μισθωτός εργάτης μέσω της εργασίας του, αρκεί απλώς για να παρατείνει και να αναπαράγει μια γυμνή ύπαρξη

What, therefore, the wage-labourer appropriates by means of his labour, merely suffices to prolong and reproduce a bare existence

Σε καμία περίπτωση δεν σκοπεύουμε να καταργήσουμε αυτή την προσωπική ιδιοποίηση των προϊόντων της εργασίας

We by no means intend to abolish this personal appropriation of the products of labour

πίστωση που προορίζεται για τη διατήρηση και την αναπαραγωγή της ανθρώπινης ζωής

an appropriation that is made for the maintenance and reproduction of human life

Μια τέτοια προσωπική ιδιοποίηση των προϊόντων της εργασίας δεν αφήνει κανένα πλεόνασμα για να διευθύνει την εργασία των άλλων

such personal appropriation of the products of labour leave no surplus wherewith to command the labour of others

Το μόνο που θέλουμε να καταργήσουμε είναι ο άθλιος χαρακτήρας αυτής της πίστωσης

All that we want to do away with, is the miserable character of this appropriation

Η ιδιοποίηση κάτω από την οποία ζει ο εργάτης μόνο και μόνο για να αυξήσει το κεφάλαιο

the appropriation under which the labourer lives merely to increase capital

Του επιτρέπεται να ζει μόνο στο βαθμό που το απαιτεί το συμφέρον της άρχουσας τάξης

he is allowed to live only in so far as the interest of the ruling class requires it

Στην αστική κοινωνία, η ζωντανή εργασία δεν είναι παρά ένα μέσο για την αύξηση της συσσωρευμένης εργασίας

In Bourgeoisie society, living labour is but a means to increase accumulated labour

Στην κομμουνιστική κοινωνία, η συσσωρευμένη εργασία δεν είναι παρά ένα μέσο διεύρυνσης, πλουτισμού, προώθησης της ύπαρξης του εργάτη

In Communist society, accumulated labour is but a means to widen, to enrich, to promote the existence of the labourer

Στην αστική κοινωνία, επομένως, το παρελθόν κυριαρχεί στο παρόν

In Bourgeoisie society, therefore, the past dominates the present

στην κομμουνιστική κοινωνία το παρόν κυριαρχεί στο παρελθόν

in Communist society the present dominates the past

Στην αστική κοινωνία το κεφάλαιο είναι ανεξάρτητο και έχει ατομικότητα

In Bourgeoisie society capital is independent and has individuality

Στην αστική κοινωνία ο ζωντανός άνθρωπος είναι εξαρτημένος και δεν έχει ατομικότητα

In Bourgeoisie society the living person is dependent and has no individuality

Και η κατάργηση αυτής της κατάστασης πραγμάτων ονομάζεται από την αστική τάξη, κατάργηση της ατομικότητας και της ελευθερίας!

And the abolition of this state of things is called by the Bourgeoisie, abolition of individuality and freedom!

Και δικαίως ονομάζεται κατάργηση της ατομικότητας και της ελευθερίας!

And it is rightly called the abolition of individuality and freedom!

Ο κομμουνισμός στοχεύει στην κατάργηση της αστικής ατομικότητας

Communism aims for the abolition of Bourgeoisie individuality

Ο κομμουνισμός σκοπεύει στην κατάργηση της αστικής ανεξαρτησίας

Communism intends for the abolition of Bourgeoisie independence

Η ελευθερία της αστικής τάξης είναι αναμφίβολα αυτό στο οποίο στοχεύει ο κομμουνισμός

Bourgeoisie freedom is undoubtedly what communism is aiming at

Στις σημερινές αστικές συνθήκες παραγωγής, ελευθερία σημαίνει ελεύθερο εμπόριο, ελεύθερη πώληση και αγορά

under the present Bourgeoisie conditions of production, freedom means free trade, free selling and buying

Αλλά αν η πώληση και η αγορά εξαφανιστούν, η ελεύθερη πώληση και η αγορά εξαφανίζονται επίσης

But if selling and buying disappears, free selling and buying also disappears

Τα «γενναία λόγια» της αστικής τάξης για την ελεύθερη πώληση και αγορά έχουν νόημα μόνο με μια περιορισμένη έννοια

"brave words" by the Bourgeoisie about free selling and buying only have meaning in a limited sense

Αυτές οι λέξεις έχουν νόημα μόνο σε αντίθεση με τις περιορισμένες πωλήσεις και αγορές

these words have meaning only in contrast with restricted selling and buying

Και αυτές οι λέξεις έχουν νόημα μόνο όταν εφαρμόζονται στους δέσμιους εμπόρους του Μεσαίωνα

and these words have meaning only when applied to the fettered traders of the Middle Ages

Και αυτό προϋποθέτει ότι αυτές οι λέξεις έχουν νόημα ακόμη και με την αστική έννοια

and that assumes these words even have meaning in a Bourgeoisie sense

αλλά αυτές οι λέξεις δεν έχουν νόημα όταν χρησιμοποιούνται για να αντιταχθούν στην κομμουνιστική κατάργηση της αγοράς και της πώλησης

but these words have no meaning when they're being used to oppose the Communistic abolition of buying and selling

Οι λέξεις δεν έχουν κανένα νόημα όταν χρησιμοποιούνται για να αντιταχθούν στην κατάργηση των όρων παραγωγής της αστικής τάξης

the words have no meaning when they're being used to oppose the Bourgeoisie conditions of production being abolished

και δεν έχουν κανένα νόημα όταν χρησιμοποιούνται για να αντιταχθούν στην κατάργηση της ίδιας της αστικής τάξης

and they have no meaning when they're being used to oppose the Bourgeoisie itself being abolished

Είστε τρομοκρατημένοι από την πρόθεσή μας να καταργήσουμε την ιδιωτική ιδιοκτησία

You are horrified at our intending to do away with private property

Αλλά στην υπάρχουσα κοινωνία σας, η ιδιωτική ιδιοκτησία έχει ήδη καταργηθεί για τα εννέα δέκατα του πληθυσμού

But in your existing society, private property is already done away with for nine-tenths of the population

Η ύπαρξη ιδιωτικής ιδιοκτησίας για τους λίγους οφείλεται αποκλειστικά στην ανυπαρξία της στα χέρια των εννέα δεκάτων του πληθυσμού

the existence of private property for the few is solely due to its non-existence in the hands of nine-tenths of the population

Μας κατηγορείτε, λοιπόν, ότι σκοπεύουμε να καταργήσουμε μια μορφή ιδιοκτησίας

You reproach us, therefore, with intending to do away with a form of property

Αλλά η ατομική ιδιοκτησία απαιτεί την ανυπαρξία οποιασδήποτε ιδιοκτησίας για την τεράστια πλειοψηφία της κοινωνίας

but private property necessitates the non-existence of any property for the immense majority of society

Με μια λέξη, μας κατηγορείτε ότι σκοπεύουμε να καταργήσουμε την περιουσία σας

In one word, you reproach us with intending to do away with your property

Και είναι ακριβώς έτσι. Η κατάργηση του ακινήτου σας είναι ακριβώς αυτό που σκοπεύουμε

And it is precisely so; doing away with your Property is just what we intend

Από τη στιγμή που η εργασία δεν μπορεί πλέον να μετατραπεί σε κεφάλαιο, χρήμα ή ενοίκιο

From the moment when labour can no longer be converted into capital, money, or rent

όταν η εργασία δεν μπορεί πλέον να μετατραπεί σε κοινωνική δύναμη ικανή να μονοπωληθεί

when labour can no longer be converted into a social power capable of being monopolised

από τη στιγμή που η ατομική ιδιοκτησία δεν μπορεί πλέον να μετατραπεί σε αστική ιδιοκτησία

from the moment when individual property can no longer be transformed into Bourgeoisie property

από τη στιγμή που η ατομική ιδιοκτησία δεν μπορεί πλέον να μετατραπεί σε κεφάλαιο

from the moment when individual property can no longer be transformed into capital

Από εκείνη τη στιγμή, λέτε ότι η ατομικότητα εξαφανίζεται

from that moment, you say individuality vanishes

Πρέπει, επομένως, να ομολογήσετε ότι με τον όρο «άτομο» δεν εννοείτε κανένα άλλο πρόσωπο εκτός από την αστική τάξη

You must, therefore, confess that by "individual" you mean no other person than the Bourgeoisie

Πρέπει να ομολογήσετε ότι αναφέρεται συγκεκριμένα στον ιδιοκτήτη ιδιοκτησίας της μεσαίας τάξης

you must confess it specifically refers to the middle-class owner of property

Αυτό το άτομο πρέπει, πράγματι, να παρασυρθεί από τη μέση και να καταστεί αδύνατο

This person must, indeed, be swept out of the way, and made impossible

Ο κομμουνισμός δεν στερεί από κανέναν άνθρωπο τη δύναμη να ιδιοποιηθεί τα προϊόντα της κοινωνίας

Communism deprives no man of the power to appropriate the products of society

Το μόνο που κάνει ο κομμουνισμός είναι να του στερεί τη δύναμη να υποτάσσει την εργασία των άλλων μέσω μιας τέτοιας ιδιοποίησης

all that Communism does is to deprive him of the power to subjugate the labour of others by means of such appropriation

Έχει διατυπωθεί η αντίρρηση ότι με την κατάργηση της ατομικής ιδιοκτησίας θα σταματήσει κάθε εργασία

It has been objected that upon the abolition of private property all work will cease

Και τότε προτείνεται ότι η καθολική τεμπελιά θα μας ξεπεράσει

and it is then suggested that universal laziness will overtake us

Σύμφωνα με αυτό, η αστική κοινωνία θα έπρεπε εδώ και πολύ καιρό να είχε πάει στα σκυλιά από καθαρή αδράνεια

According to this, Bourgeoisie society ought long ago to have gone to the dogs through sheer idleness

γιατί όσα από τα μέλη της εργάζονται, δεν αποκτούν τίποτα

because those of its members who work, acquire nothing

Και εκείνα από τα μέλη της που αποκτούν οτιδήποτε, δεν εργάζονται

and those of its members who acquire anything, do not work

Το σύνολο αυτής της αντίρρησης δεν είναι παρά μια άλλη έκφραση της ταυτολογίας

The whole of this objection is but another expression of the tautology

Δεν μπορεί πλέον να υπάρχει μισθωτή εργασία όταν δεν υπάρχει πλέον κεφάλαιο

there can no longer be any wage-labour when there is no longer any capital

Δεν υπάρχει διαφορά μεταξύ υλικών προϊόντων και διανοητικών προϊόντων

there is no difference between material products and mental products

Ο κομμουνισμός προτείνει ότι και τα δύο αυτά παράγονται με τον ίδιο τρόπο

communism proposes both of these are produced in the same way

αλλά οι αντιρρήσεις ενάντια στους κομμουνιστικούς τρόπους παραγωγής τους είναι οι ίδιες

but the objections against the Communistic modes of producing these are the same

Για την αστική τάξη η εξαφάνιση της ταξικής ιδιοκτησίας είναι η εξαφάνιση της ίδιας της παραγωγής

to the Bourgeoisie the disappearance of class property is the disappearance of production itself

Έτσι, η εξαφάνιση της ταξικής κουλτούρας είναι γι' αυτόν ταυτόσημη με την εξαφάνιση κάθε πολιτισμού

so the disappearance of class culture is to him identical with the disappearance of all culture

Αυτή η κουλτούρα, για την απώλεια της οποίας θρηνεί, είναι για τη συντριπτική πλειοψηφία μια απλή εκπαίδευση για να ενεργεί ως μηχανή

That culture, the loss of which he laments, is for the enormous majority a mere training to act as a machine

Οι κομμουνιστές σκοπεύουν πάρα πολύ να καταργήσουν την κουλτούρα της αστικής ιδιοκτησίας

Communists very much intend to abolish the culture of Bourgeoisie property

Αλλά μην μαλώνετε μαζί μας όσο εφαρμόζετε το πρότυπο των αστικών σας εννοιών της ελευθερίας, του πολιτισμού, του νόμου κλπ

But don't wrangle with us so long as you apply the standard of your Bourgeoisie notions of freedom, culture, law, etc

Οι ίδιες οι ιδέες σας δεν είναι παρά το αποτέλεσμα των συνθηκών της αστικής σας παραγωγής και της αστικής ιδιοκτησίας

Your very ideas are but the outgrowth of the conditions of your Bourgeoisie production and Bourgeoisie property

Ακριβώς όπως η νομολογία σας δεν είναι παρά η θέληση της τάξης σας που έγινε νόμος για όλους

just as your jurisprudence is but the will of your class made into a law for all

Ο ουσιαστικός χαρακτήρας και η κατεύθυνση αυτής της θέλησης καθορίζονται από τις οικονομικές συνθήκες που δημιουργεί η κοινωνική σας τάξη

the essential character and direction of this will are determined by the economical conditions your social class create

Η εγωιστική παρανόηση που σας ωθεί να μεταμορφώσετε τις κοινωνικές μορφές σε αιώνιους νόμους της φύσης και της λογικής

The selfish misconception that induces you to transform social forms into eternal laws of nature and of reason

Οι κοινωνικές μορφές που πηγάζουν από τον τωρινό τρόπο παραγωγής και μορφής ιδιοκτησίας

the social forms springing from your present mode of production and form of property

Ιστορικές σχέσεις που αναδύονται και εξαφανίζονται στην πρόοδο της παραγωγής

historical relations that rise and disappear in the progress of production

Αυτή την παρανόηση που μοιράζεστε με κάθε άρχουσα τάξη που έχει προηγηθεί από εσάς

this misconception you share with every ruling class that has preceded you

Τι βλέπετε καθαρά στην περίπτωση της αρχαίας ιδιοκτησίας, τι παραδέχεστε στην περίπτωση της φεουδαρχικής ιδιοκτησίας

What you see clearly in the case of ancient property, what you admit in the case of feudal property

Αυτά τα πράγματα φυσικά απαγορεύεται να τα παραδεχτείς στην περίπτωση της δικής σου αστικής αστικής τάξης

these things you are of course forbidden to admit in the case of your own Bourgeoisie form of property

Κατάργηση της οικογένειας! Ακόμα και οι πιο ριζοσπαστικοί φουντώνουν σε αυτή την περιβόητη πρόταση των κομμουνιστών

Abolition of the family! Even the most radical flare up at this infamous proposal of the Communists

Σε ποια βάση βασίζεται η σημερινή οικογένεια, η οικογένεια της μπουρζουαζίας;

On what foundation is the present family, the Bourgeoisie family, based?

Η ίδρυση της σημερινής οικογένειας βασίζεται στο κεφάλαιο και το ιδιωτικό κέρδος

the foundation of the present family is based on capital and private gain

Στην πλήρως αναπτυγμένη μορφή της, αυτή η οικογένεια υπάρχει μόνο μέσα στην αστική τάξη

In its completely developed form this family exists only among the Bourgeoisie

Αυτή η κατάσταση πραγμάτων βρίσκει το συμπλήρωμά της στην πρακτική απουσία της οικογένειας ανάμεσα στους προλετάριους

this state of things finds its complement in the practical absence of the family among the proletarians

Αυτή η κατάσταση πραγμάτων μπορεί να βρεθεί στη δημόσια πορνεία

this state of things can be found in public prostitution

Η οικογένεια της μπουρζουαζίας θα εξαφανιστεί όπως είναι φυσικό όταν εξαφανιστεί το συμπλήρωμά της

The Bourgeoisie family will vanish as a matter of course when its complement vanishes

Και οι δύο αυτές θα εξαφανιστούν με την εξαφάνιση του κεφαλαίου

and both of these will will vanish with the vanishing of capital

Μας κατηγορείτε ότι θέλουμε να σταματήσουμε την εκμετάλλευση των παιδιών από τους γονείς τους;

Do you charge us with wanting to stop the exploitation of children by their parents?

Σε αυτό το έγκλημα παραδεχόμαστε την ενοχή μας

To this crime we plead guilty

Αλλά, θα πείτε, καταστρέφουμε τις πιο ιερές σχέσεις, όταν αντικαθιστούμε την εκπαίδευση στο σπίτι με την κοινωνική εκπαίδευση

But, you will say, we destroy the most hallowed of relations, when we replace home education by social education

Η εκπαίδευσή σας δεν είναι επίσης κοινωνική; Και δεν καθορίζεται από τις κοινωνικές συνθήκες κάτω από τις οποίες εκπαιδεύετε;

is your education not also social? And is it not determined by the social conditions under which you educate?

με την παρέμβαση, άμεση ή έμμεση, της κοινωνίας, μέσω των σχολείων κ.λπ.

by the intervention, direct or indirect, of society, by means of schools, etc.

Οι κομμουνιστές δεν εφηύραν την παρέμβαση της κοινωνίας στην εκπαίδευση

The Communists have not invented the intervention of society in education

Δεν επιδιώκουν παρά να αλλοιώσουν τον χαρακτήρα αυτής της παρεμβάσεως

they do but seek to alter the character of that intervention

Και επιδιώκουν να διασώσουν την εκπαίδευση από την επιρροή της άρχουσας τάξης

and they seek to rescue education from the influence of the ruling class

Η αστική τάξη μιλά για την αγιασμένη σχέση γονέα και παιδιού

The Bourgeoisie talk of the hallowed co-relation of parent and child

Αλλά αυτή η παγίδα για την οικογένεια και την εκπαίδευση γίνεται όλο και πιο αηδιαστική όταν κοιτάζουμε τη σύγχρονη βιομηχανία

but this clap-trap about the family and education becomes all the more disgusting when we look at Modern Industry

Όλοι οι οικογενειακοί δεσμοί μεταξύ των προλετάριων σπαράσσονται από τη σύγχρονη βιομηχανία

all family ties among the proletarians are torn asunder by modern industry

Τα παιδιά τους μετατρέπονται σε απλά αντικείμενα εμπορίου και εργαλεία εργασίας

their children are transformed into simple articles of commerce and instruments of labour

Αλλά εσείς οι κομμουνιστές θα δημιουργούσατε μια κοινότητα γυναικών, φωνάζει εν χορώ ολόκληρη η αστική τάξη

But you Communists would create a community of women, screams the whole Bourgeoisie in chorus

Η αστική τάξη βλέπει στη γυναίκα του ένα απλό εργαλείο παραγωγής

The Bourgeoisie sees in his wife a mere instrument of production

Ακούει ότι τα μέσα παραγωγής πρέπει να τα εκμεταλλεύονται όλοι

He hears that the instruments of production are to be exploited by all

Και, φυσικά, δεν μπορεί να καταλήξει σε άλλο συμπέρασμα από το ότι η μοίρα του να είναι κοινή για όλους θα πέσει επίσης στις γυναίκες

and, naturally, he can come to no other conclusion than that the lot of being common to all will likewise fall to women

Δεν έχει καν την παραμικρή υποψία ότι το πραγματικό ζήτημα είναι να καταργηθεί η θέση των γυναικών ως απλών μέσων παραγωγής

He has not even a suspicion that the real point is to do away with the status of women as mere instruments of production

Για τα υπόλοιπα, τίποτα δεν είναι πιο γελοίο από την ενάρετη αγανάκτηση της αστικής μας τάξης για την κοινότητα των γυναικών

For the rest, nothing is more ridiculous than the virtuous indignation of our Bourgeoisie at the community of women

προσποιούνται ότι πρόκειται να καθιερωθεί ανοιχτά και επίσημα από τους κομμουνιστές

they pretend it is to be openly and officially established by the Communists

Οι κομμουνιστές δεν έχουν ανάγκη να εισαγάγουν κοινότητα γυναικών, υπάρχει σχεδόν από αμνημονεύτων χρόνων

The Communists have no need to introduce community of women, it has existed almost from time immemorial

Η αστική μας τάξη δεν αρκείται στο να έχει στη διάθεσή της τις συζύγους και τις κόρες των προλετάριων της

Our Bourgeoisie are not content with having the wives and daughters of their proletarians at their disposal

Παίρνουν τη μεγαλύτερη ευχαρίστηση να αποπλανούν ο ένας τις συζύγους του άλλου

they take the greatest pleasure in seducing each other's wives

Και αυτό δεν είναι καν για να μιλήσουμε για κοινές

and that is not even to speak of common prostitutes

Ο αστικός γάμος είναι στην πραγματικότητα ένα κοινό σύστημα συζύγων

Bourgeoisie marriage is in reality a system of wives in common

τότε υπάρχει ένα πράγμα για το οποίο θα μπορούσαν ενδεχομένως να κατηγορηθούν οι κομμουνιστές

then there is one thing that the Communists might possibly be reproached with

επιθυμούν να εισαγάγουν μια ανοιχτά νομιμοποιημένη κοινότητα γυναικών

they desire to introduce an openly legalised community of women

αντί για μια υποκριτικά κρυμμένη κοινότητα γυναικών

rather than a hypocritically concealed community of women

Η κοινότητα των γυναικών που ξεπηδά από το σύστημα παραγωγής

the community of women springing from the system of production

Καταργήστε το σύστημα παραγωγής και καταργείτε την κοινότητα των γυναικών

abolish the system of production, and you abolish the community of women

Τόσο η δημόσια πορνεία καταργείται όσο και η ιδιωτική πορνεία

both public prostitution is abolished, and private prostitution

Οι κομμουνιστές κατηγορούνται όλο και περισσότερο ότι επιθυμούν να καταργήσουν χώρες και εθνότητες

The Communists are further more reproached with desiring to abolish countries and nationality

Οι εργαζόμενοι δεν έχουν πατρίδα, οπότε δεν μπορούμε να τους πάρουμε αυτό που δεν έχουν

The working men have no country, so we cannot take from them what they have not got

Το προλεταριάτο πρέπει πρώτα απ' όλα να αποκτήσει πολιτική υπεροχή

the proletariat must first of all acquire political supremacy

Το προλεταριάτο πρέπει να αναδειχθεί σε ηγετική τάξη του έθνους

the proletariat must rise to be the leading class of the nation

Το προλεταριάτο πρέπει να συγκροτήσει το ίδιο το έθνος

the proletariat must constitute itself the nation

Είναι, μέχρι στιγμής, η ίδια εθνική, αν και όχι με την αστική έννοια της λέξης

it is, so far, itself national, though not in the Bourgeoisie sense of the word

Οι εθνικές διαφορές και ανταγωνισμοί μεταξύ των
λαών εξαφανίζονται καθημερινά όλο και περισσότερο
National differences and antagonisms between peoples are
daily more and more vanishing
λόγω της ανάπτυξης της αστικής τάξης, της ελευθερίας
του εμπορίου, της παγκόσμιας αγοράς
owing to the development of the Bourgeoisie, to freedom of
commerce, to the world-market
στην ομοιομορφία του τρόπου παραγωγής και των
συνθηκών ζωής που αντιστοιχούν σε αυτόν·
to uniformity in the mode of production and in the conditions
of life corresponding thereto
Η υπεροχή του προλεταριάτου θα τους κάνει να
εξαφανιστούν ακόμα πιο γρήγορα
The supremacy of the proletariat will cause them to vanish
still faster
Η ενωμένη δράση, τουλάχιστον των ηγετικών
πολιτισμένων χωρών, είναι ένας από τους πρώτους
όρους για τη χειραφέτηση του προλεταριάτου
United action, of the leading civilised countries at least, is one
of the first conditions for the emancipation of the proletariat
Ανάλογα με το τέλος της εκμετάλλευσης ενός ατόμου
από ένα άλλο, θα τεθεί επίσης τέλος στην εκμετάλλευση
ενός έθνους από ένα άλλο
In proportion as the exploitation of one individual by another
is put an end to, the exploitation of one nation by another will
also be put an end to
Ανάλογα με την εξαφάνιση του ανταγωνισμού μεταξύ
των τάξεων μέσα στο έθνος, η εχθρότητα του ενός
έθνους προς το άλλο θα τελειώσει
In proportion as the antagonism between classes within the
nation vanishes, the hostility of one nation to another will
come to an end
Οι κατηγορίες εναντίον του κομμουνισμού που
διατυπώνονται από θρησκευτική, φιλοσοφική και,

γενικά, ιδεολογική άποψη, δεν αξίζουν σοβαρής
εξέτασης

The charges against Communism made from a religious, a
philosophical, and, generally, from an ideological standpoint,
are not deserving of serious examination

Χρειάζεται βαθιά διαίσθηση για να κατανοήσουμε ότι
οι ιδέες, οι απόψεις και οι αντιλήψεις του ανθρώπου
αλλάζουν με κάθε αλλαγή στις συνθήκες της υλικής
του ύπαρξης;

Does it require deep intuition to comprehend that man's ideas,
views and conceptions changes with every change in the
conditions of his material existence?

Δεν είναι φανερό ότι η συνείδηση του ανθρώπου
αλλάζει όταν αλλάζουν οι κοινωνικές του σχέσεις και η
κοινωνική του ζωή;

is it not obvious that man's consciousness changes when his
social relations and his social life changes?

Τι άλλο αποδεικνύει η ιστορία των ιδεών, από το ότι η
πνευματική παραγωγή αλλάζει τον χαρακτήρα της
ανάλογα με την αλλαγή της υλικής παραγωγής;

What else does the history of ideas prove, than that
intellectual production changes its character in proportion as
material production is changed?

Οι κυρίαρχες ιδέες κάθε εποχής ήταν πάντα οι ιδέες της
άρχουσας τάξης της

The ruling ideas of each age have ever been the ideas of its
ruling class

Όταν οι άνθρωποι μιλούν για ιδέες που φέρνουν
επανάσταση στην κοινωνία, εκφράζουν μόνο ένα
γεγονός

When people speak of ideas that revolutionise society, they do
but express one fact

Μέσα στην παλιά κοινωνία, τα στοιχεία μιας νέας έχουν
δημιουργηθεί

within the old society, the elements of a new one have been
created

και ότι η διάλυση των παλιών ιδεών συμβαδίζει με τη διάλυση των παλιών συνθηκών ύπαρξης

and that the dissolution of the old ideas keeps even pace with the dissolution of the old conditions of existence

Όταν ο αρχαίος κόσμος βρισκόταν στην τελευταία του αγωνία, οι αρχαίες θρησκείες ξεπεράστηκαν από τον Χριστιανισμό

When the ancient world was in its last throes, the ancient religions were overcome by Christianity

Όταν οι χριστιανικές ιδέες υπέκυψαν τον 18ο αιώνα στις ορθολογιστικές ιδέες, η φεουδαρχική κοινωνία έδωσε τη μάχη του θανάτου της με την τότε επαναστατική αστική τάξη

When Christian ideas succumbed in the 18th century to rationalist ideas, feudal society fought its death battle with the then revolutionary Bourgeoisie

Οι ιδέες της θρησκευτικής ελευθερίας και της ελευθερίας συνείδησης απλώς εξέφρασαν την κυριαρχία του ελεύθερου ανταγωνισμού στο πεδίο της γνώσης

The ideas of religious liberty and freedom of conscience merely gave expression to the sway of free competition within the domain of knowledge

«Αναμφίβολα», θα ειπωθεί, «οι θρησκευτικές, ηθικές, φιλοσοφικές και νομικές ιδέες έχουν τροποποιηθεί κατά τη διάρκεια της ιστορικής εξέλιξης»

"Undoubtedly," it will be said, "religious, moral, philosophical and juridical ideas have been modified in the course of historical development"

«Αλλά η θρησκεία, η ηθική, η φιλοσοφία, η πολιτική επιστήμη και το δίκαιο, επιβίωναν συνεχώς από αυτή την αλλαγή»

"But religion, morality philosophy, political science, and law, constantly survived this change"

«Υπάρχουν και αιώνιες αλήθειες, όπως η Ελευθερία, η Δικαιοσύνη κ.λπ.»

"There are also eternal truths, such as Freedom, Justice, etc"

«Αυτές οι αιώνιες αλήθειες είναι κοινές σε όλες τις καταστάσεις της κοινωνίας»

"these eternal truths are common to all states of society"

«Αλλά ο κομμουνισμός καταργεί τις αιώνιες αλήθειες, καταργεί κάθε θρησκεία και κάθε ηθική»

"But Communism abolishes eternal truths, it abolishes all religion, and all morality"

«Το κάνει αυτό αντί να τα συγκροτεί σε μια νέα βάση»

"it does this instead of constituting them on a new basis"

«Επομένως, ενεργεί σε αντίθεση με όλη την ιστορική εμπειρία του παρελθόντος»

"it therefore acts in contradiction to all past historical experience"

Σε τι περιορίζεται αυτή η κατηγορία;

What does this accusation reduce itself to?

Η ιστορία όλης της κοινωνίας του παρελθόντος συνίστατο στην ανάπτυξη ταξικών ανταγωνισμών

The history of all past society has consisted in the development of class antagonisms

Ανταγωνισμοί που πήραν διαφορετικές μορφές σε διαφορετικές εποχές

antagonisms that assumed different forms at different epochs

Αλλά όποια μορφή κι αν έχουν πάρει, ένα γεγονός είναι κοινό σε όλες τις περασμένες εποχές

But whatever form they may have taken, one fact is common to all past ages

την εκμετάλλευση ενός μέρους της κοινωνίας από το άλλο

the exploitation of one part of society by the other

Δεν είναι περίεργο, λοιπόν, ότι η κοινωνική συνείδηση των περασμένων εποχών κινείται μέσα σε ορισμένες κοινές μορφές ή γενικές ιδέες

No wonder, then, that the social consciousness of past ages moves within certain common forms, or general ideas

(και αυτό παρά την πολλαπλότητα και την ποικιλία
που επιδεικνύει)
(and that is despite all the multiplicity and variety it displays)
Και αυτά δεν μπορούν να εξαφανιστούν εντελώς παρά
μόνο με την πλήρη εξαφάνιση των ταξικών
ανταγωνισμών
and these cannot completely vanish except with the total
disappearance of class antagonisms
Η κομμουνιστική επανάσταση είναι η πιο ριζική ρήξη
με τις παραδοσιακές σχέσεις ιδιοκτησίας
The Communist revolution is the most radical rupture with
traditional property relations
Δεν είναι περίεργο ότι η ανάπτυξή της συνεπάγεται την
πιο ριζική ρήξη με τις παραδοσιακές ιδέες
no wonder that its development involves the most radical
rupture with traditional ideas
Αλλά ας τελειώσουμε με τις αντιρρήσεις της αστικής
τάξης για τον κομμουνισμό
But let us have done with the Bourgeoisie objections to
Communism
Είδαμε παραπάνω το πρώτο βήμα της επανάστασης
από την εργατική τάξη
We have seen above the first step in the revolution by the
working class
Το προλεταριάτο πρέπει να ανυψωθεί σε θέση εξουσίας,
για να κερδίσει τη μάχη της δημοκρατίας
proletariat has to be raised to the position of ruling, to win the
battle of democracy
Το προλεταριάτο θα χρησιμοποιήσει την πολιτική του
υπεροχή για να αποσπάσει, βαθμιαία, όλο το κεφάλαιο
από την αστική τάξη
The proletariat will use its political supremacy to wrest, by
degrees, all capital from the Bourgeoisie
θα συγκεντρώσει όλα τα μέσα παραγωγής στα χέρια
του κράτους

it will centralise all instruments of production in the hands of the State

Με άλλα λόγια, το προλεταριάτο οργανωμένο ως άρχουσα τάξη

in other words, the proletariat organised as the ruling class

Και θα αυξήσει το σύνολο των παραγωγικών δυνάμεων όσο το δυνατόν γρηγορότερα

and it will increase the total of productive forces as rapidly as possible

Φυσικά, στην αρχή, αυτό δεν μπορεί να επιτευχθεί παρά μόνο μέσω δεσποτικών επιδρομών στα δικαιώματα ιδιοκτησίας

Of course, in the beginning, this cannot be effected except by means of despotic inroads on the rights of property

και πρέπει να επιτευχθεί στις συνθήκες της αστικής παραγωγής

and it has to be achieved on the conditions of Bourgeoisie production

Επομένως, επιτυγχάνεται με μέτρα που φαίνονται οικονομικά ανεπαρκή και αβάσιμα

it is achieved by means of measures, therefore, which appear economically insufficient and untenable

Αλλά αυτά τα μέσα, κατά τη διάρκεια του κινήματος, ξεπερνούν τον εαυτό τους

but these means, in the course of the movement, outstrip themselves

Απαιτούν περαιτέρω επιδρομές στην παλιά κοινωνική τάξη

they necessitate further inroads upon the old social order

Και είναι αναπόφευκτες ως μέσο πλήρους επαναστατικοποίησης του τρόπου παραγωγής

and they are unavoidable as a means of entirely revolutionising the mode of production

Τα μέτρα αυτά θα είναι φυσικά διαφορετικά στις διάφορες χώρες

These measures will of course be different in different countries

Παρ 'όλα αυτά, στις πιο προηγμένες χώρες, τα ακόλουθα θα ισχύουν αρκετά γενικά

Nevertheless in the most advanced countries, the following will be pretty generally applicable

1. Κατάργηση της ιδιοκτησίας στη γη και διάθεση όλων των ενοικίων γης για δημόσιους σκοπούς.

1. Abolition of property in land and application of all rents of land to public purposes.

2. Βαρύς προοδευτικός ή κλιμακωτός φόρος εισοδήματος.

2. A heavy progressive or graduated income tax.

3. Κατάργηση κάθε κληρονομικού δικαιώματος.

3. Abolition of all right of inheritance.

4. Δήμευση της περιουσίας όλων των μεταναστών και ανταρτών.

4. Confiscation of the property of all emigrants and rebels.

5. Συγκέντρωση της πίστωσης στα χέρια του κράτους, μέσω μιας εθνικής τράπεζας με κρατικό κεφάλαιο και αποκλειστικό μονοπώλιο.

5. Centralisation of credit in the hands of the State, by means of a national bank with State capital and an exclusive monopoly.

6. Συγκέντρωση των μέσων επικοινωνίας και μεταφοράς στα χέρια του κράτους.

6. Centralisation of the means of communication and transport in the hands of the State.

7. Επέκταση εργοστασίων και μέσων παραγωγής που ανήκουν στο κράτος

7. Extension of factories and instruments of production owned by the State

την καλλιέργεια των χέρσων εκτάσεων και τη βελτίωση του εδάφους γενικά σύμφωνα με ένα κοινό σχέδιο.

the bringing into cultivation of waste-lands, and the improvement of the soil generally in accordance with a common plan.

8. Ίση ευθύνη όλων στην εργασία
8. Equal liability of all to labour

Δημιουργία βιομηχανικών στρατών, ειδικά για τη γεωργία.

Establishment of industrial armies, especially for agriculture.

9. Συνδυασμός γεωργίας και μεταποιητικών βιομηχανιών
9. Combination of agriculture with manufacturing industries

Σταδιακή κατάργηση της διάκρισης μεταξύ πόλης και υπαίθρου, με μια πιο ομοιόμορφη κατανομή του πληθυσμού στη χώρα.

gradual abolition of the distinction between town and country, by a more equable distribution of the population over the country.

10. Δωρεάν εκπαίδευση για όλα τα παιδιά στα δημόσια σχολεία.
10. Free education for all children in public schools.

Κατάργηση της παιδικής εργοστασιακής εργασίας στη σημερινή της μορφή

Abolition of children's factory labour in its present form

Συνδυασμός εκπαίδευσης και βιομηχανικής παραγωγής

Combination of education with industrial production

Όταν, στην πορεία της ανάπτυξης, οι ταξικές διακρίσεις έχουν εξαφανιστεί

When, in the course of development, class distinctions have disappeared

Και όταν όλη η παραγωγή έχει συγκεντρωθεί στα χέρια μιας τεράστιας ένωσης ολόκληρου του έθνους

and when all production has been concentrated in the hands of a vast association of the whole nation

Τότε η δημόσια εξουσία θα χάσει τον πολιτικό της χαρακτήρα

then the public power will lose its political character

Η πολιτική εξουσία, όπως σωστά ονομάζεται, είναι απλώς η οργανωμένη δύναμη μιας τάξης για την καταπίεση μιας άλλης

Political power, properly so called, is merely the organised power of one class for oppressing another

Αν το προλεταριάτο κατά τη διάρκεια του ανταγωνισμού του με την αστική τάξη είναι υποχρεωμένο, από τη δύναμη των περιστάσεων, να οργανωθεί σαν τάξη

If the proletariat during its contest with the Bourgeoisie is compelled, by the force of circumstances, to organise itself as a class

αν, μέσω μιας επανάστασης, κάνει τον εαυτό της κυρίαρχη τάξη

if, by means of a revolution, it makes itself the ruling class

Και, ως τέτοια, σαρώνει με τη βία τις παλιές συνθήκες παραγωγής

and, as such, it sweeps away by force the old conditions of production

Τότε, μαζί με αυτές τις συνθήκες, θα έχει σαρώσει και τις συνθήκες ύπαρξης των ταξικών ανταγωνισμών και των τάξεων γενικά

then it will, along with these conditions, have swept away the conditions for the existence of class antagonisms and of classes generally

και έτσι θα έχει καταργήσει τη δική της υπεροχή ως τάξη.

and will thereby have abolished its own supremacy as a class.

Στη θέση της παλιάς αστικής κοινωνίας, με τις τάξεις και τους ταξικούς ανταγωνισμούς της, θα έχουμε μια ένωση

In place of the old Bourgeoisie society, with its classes and class antagonisms, we shall have an association

μια ένωση στην οποία η ελεύθερη ανάπτυξη του
καθενός είναι η προϋπόθεση για την ελεύθερη
ανάπτυξη όλων

an association in which the free development of each is the
condition for the free development of all

1) Αντιδραστικός σοσιαλισμός
1) Reactionary Socialism

α) Φεουδαρχικός σοσιαλισμός
a) Feudal Socialism

οι αριστοκρατίες της Γαλλίας και της Αγγλίας είχαν μια μοναδική ιστορική θέση
the aristocracies of France and England had a unique historical position

Έγινε η αποστολή τους να γράφουν μπροσούρες ενάντια στη σύγχρονη αστική κοινωνία
it became their vocation to write pamphlets against modern Bourgeoisie society

Στη γαλλική επανάσταση του Ιουλίου του 1830 και στην αγγλική μεταρρυθμιστική αναταραχή
In the French revolution of July 1830, and in the English reform agitation

Αυτές οι αριστοκρατίες υπέκυψαν και πάλι στον μισητό νεοσύστατο
these aristocracies again succumbed to the hateful upstart

Στο εξής, ένας σοβαρός πολιτικός ανταγωνισμός ήταν εντελώς εκτός συζήτησης
Thenceforth, a serious political contest was altogether out of the question

Το μόνο που απέμενε δυνατό ήταν μια λογοτεχνική μάχη, όχι μια πραγματική μάχη
All that remained possible was literary battle, not an actual battle

Αλλά ακόμη και στον τομέα της λογοτεχνίας οι παλιές κραυγές της περιόδου αποκατάστασης είχαν καταστεί αδύνατες
But even in the domain of literature the old cries of the restoration period had become impossible

Προκειμένου να προκαλέσει συμπάθεια, η αριστοκρατία ήταν υποχρεωμένη να χάσει από τα μάτια της, προφανώς, τα δικά της συμφέροντα
In order to arouse sympathy, the aristocracy were obliged to lose sight, apparently, of their own interests

και ήταν υποχρεωμένοι να διατυπώσουν το κατηγορητήριό τους ενάντια στην αστική τάξη προς το συμφέρον της εκμεταλλευόμενης εργατικής τάξης
and they were obliged to formulate their indictment against the Bourgeoisie in the interest of the exploited working class

Έτσι, η αριστοκρατία πήρε την εκδίκησή της τραγουδώντας λαμπιόνια στο νέο αφέντη της
Thus the aristocracy took their revenge by singing lampoons on their new master

Και πήραν την εκδίκησή τους ψιθυρίζοντας στα αυτιά του μοχθηρές προφητείες για επερχόμενη καταστροφή
and they took their revenge by whispering in his ears sinister prophecies of coming catastrophe

Με αυτόν τον τρόπο προέκυψε ο φεουδαρχικός σοσιαλισμός: μισός θρήνος, μισός λαμπούνος
In this way arose Feudal Socialism: half lamentation, half lampoon

Χτυπούσε σαν μισή ηχώ του παρελθόντος και πρόβαλλε μισή απειλή του μέλλοντος
it rung as half echo of the past, and projected half menace of the future

Μερικές φορές, με την πικρή, πνευματώδη και διεισδυτική κριτική του, χτύπησε την αστική τάξη στον πυρήνα της καρδιάς
at times, by its bitter, witty and incisive criticism, it struck the Bourgeoisie to the very heart's core

Αλλά ήταν πάντα γελοίο στην επίδρασή του, λόγω της πλήρους ανικανότητας κατανόησης της πορείας της σύγχρονης ιστορίας
but it was always ludicrous in its effect, through total incapacity to comprehend the march of modern history

Η αριστοκρατία, για να συσπειρώσει το λαό κοντά της, κυμάτιζε μπροστά της την προλεταριακή τσάντα ελεημοσύνης για ένα πανό

The aristocracy, in order to rally the people to them, waved the proletarian alms-bag in front for a banner

Αλλά ο λαός, τόσο συχνά όσο ενωνόταν μαζί τους, έβλεπε στα οπίσθιά του τα παλιά φεουδαρχικά οικόσημα

But the people, so often as it joined them, saw on their hindquarters the old feudal coats of arms

Και εγκατέλειψαν με δυνατά και ασεβή γέλια

and they deserted with loud and irreverent laughter

Ένα τμήμα των Γάλλων Νομιμόφρονων και της «Νεαρής Αγγλίας» παρουσίασε αυτό το θέαμα

One section of the French Legitimists and "Young England" exhibited this spectacle

Οι φεουδάρχες επεσήμαναν ότι ο τρόπος εκμετάλλευσής τους ήταν διαφορετικός από αυτόν της αστικής τάξης

the feudalists pointed out that their mode of exploitation was different to that of the Bourgeoisie

Οι φεουδάρχες ξεχνούν ότι εκμεταλλεύτηκαν κάτω από συνθήκες και συνθήκες που ήταν εντελώς διαφορετικές

the feudalists forget that they exploited under circumstances and conditions that were quite different

Και δεν παρατήρησαν ότι τέτοιες μέθοδοι εκμετάλλευσης είναι πλέον απαρχαιωμένες

and they didn't notice such methods of exploitation are now antiquated

Έδειξαν ότι, κάτω από την κυριαρχία τους, το σύγχρονο προλεταριάτο δεν υπήρξε ποτέ

they showed that, under their rule, the modern proletariat never existed

αλλά ξεχνούν ότι η σύγχρονη αστική τάξη είναι το αναγκαίο τέκνο της δικής τους μορφής κοινωνίας

but they forget that the modern Bourgeoisie is the necessary offspring of their own form of society

Κατά τα λοιπά, δύσκολα κρύβουν τον αντιδραστικό χαρακτήρα της κριτικής τους

For the rest, they hardly conceal the reactionary character of their criticism

Η κύρια κατηγορία τους ενάντια στην αστική τάξη είναι η ακόλουθη:

their chief accusation against the Bourgeoisie amounts to the following

Κάτω από το αστικό καθεστώς αναπτύσσεται μια κοινωνική τάξη

under the Bourgeoisie regime a social class is being developed

Αυτή η κοινωνική τάξη προορίζεται να ριζώσει και να κλαδέψει την παλιά τάξη της κοινωνίας

this social class is destined to cut up root and branch the old order of society

Αυτό με το οποίο επιπλήττουν την αστική τάξη δεν είναι τόσο ότι δημιουργεί ένα προλεταριάτο

What they upbraid the Bourgeoisie with is not so much that it creates a proletariat

Αυτό με το οποίο επιπλήττουν την αστική τάξη είναι περισσότερο ότι δημιουργεί ένα επαναστατικό προλεταριάτο

what they upbraid the Bourgeoisie with is moreso that it creates a revolutionary proletariat

Στην πολιτική πρακτική, επομένως, συμμετέχουν σε όλα τα καταναγκαστικά μέτρα ενάντια στην εργατική τάξη

In political practice, therefore, they join in all coercive measures against the working class

Και στη συνηθισμένη ζωή, παρά τις φράσεις highfalutin, σκύβουν για να πάρουν τα χρυσά μήλα που έπεσαν από το δέντρο της βιομηχανίας

and in ordinary life, despite their highfalutin phrases, they stoop to pick up the golden apples dropped from the tree of industry

Και ανταλλάσσουν την αλήθεια, την αγάπη και την τιμή με το εμπόριο μαλλιού, ζάχαρης παντζαριών και αποσταγμάτων πατάτας

and they barter truth, love, and honour for commerce in wool, beetroot-sugar, and potato spirits

Όπως ο εφημέριος πήγαινε πάντα χέρι-χέρι με τον γαιοκτήμονα, έτσι και ο κληρικός σοσιαλισμός με τον φεουδαρχικό σοσιαλισμό

As the parson has ever gone hand in hand with the landlord, so has Clerical Socialism with Feudal Socialism

Τίποτα δεν είναι ευκολότερο από το να δώσουμε στον χριστιανικό ασκητισμό μια σοσιαλιστική χροιά

Nothing is easier than to give Christian asceticism a Socialist tinge

Δεν έχει διακηρύξει ο Χριστιανισμός ενάντια στην ατομική ιδιοκτησία, ενάντια στο γάμο, ενάντια στο κράτος;

Has not Christianity declaimed against private property, against marriage, against the State?

Δεν κήρυξε ο Χριστιανισμός στη θέση αυτών, της φιλανθρωπίας και της φτώχειας;

Has Christianity not preached in the place of these, charity and poverty?

Δεν κηρύττει ο Χριστιανισμός την αγαμία και την ταπείνωση της σάρκας, τη μοναστική ζωή και τη Μητέρα Εκκλησία;

Does Christianity not preach celibacy and mortification of the flesh, monastic life and Mother Church?

Ο χριστιανικός σοσιαλισμός δεν είναι παρά το αγίασμα με το οποίο ο ιερέας καθαγιάζει τις καύσεις της καρδιάς του αριστοκράτη

Christian Socialism is but the holy water with which the priest consecrates the heart-burnings of the aristocrat

β) Μικροαστικός σοσιαλισμός
b) Petty-Bourgeois Socialism

Η φεουδαρχική αριστοκρατία δεν ήταν η μόνη τάξη
που καταστράφηκε από την αστική τάξη
The feudal aristocracy was not the only class that was ruined
by the Bourgeoisie
Δεν ήταν η μόνη τάξη της οποίας οι συνθήκες ύπαρξης
καθηλώθηκαν και χάθηκαν στην ατμόσφαιρα της
σύγχρονης αστικής κοινωνίας
it was not the only class whose conditions of existence pined
and perished in the atmosphere of modern Bourgeoisie society
Οι μεσαιωνικοί αστοί και οι μικροί αγρότες ιδιοκτήτες
ήταν οι πρόδρομοι της σύγχρονης αστικής τάξης
The medieval burgesses and the small peasant proprietors
were the precursors of the modern Bourgeoisie
Στις χώρες που είναι ελάχιστα ανεπτυγμένες,
βιομηχανικά και εμπορικά, αυτές οι δύο τάξεις
εξακολουθούν να φυτοζωούν δίπλα-δίπλα
In those countries which are but little developed, industrially
and commercially, these two classes still vegetate side by side
Και εν τω μεταξύ η αστική τάξη ξεσηκώνεται δίπλα
τους: βιομηχανικά, εμπορικά και πολιτικά
and in the meantime the Bourgeoisie rise up next to them:
industrially, commercially, and politically
Σε χώρες όπου ο σύγχρονος πολιτισμός έχει αναπτυχθεί
πλήρως, έχει σχηματιστεί μια νέα τάξη μικροαστικής
τάξης
In countries where modern civilisation has become fully
developed, a new class of petty Bourgeoisie has been formed
Αυτή η νέα κοινωνική τάξη κυμαίνεται ανάμεσα στο
προλεταριάτο και την αστική τάξη
this new social class fluctuates between proletariat and
Bourgeoisie
και ανανεώνεται συνεχώς ως συμπληρωματικό τμήμα
της αστικής κοινωνίας

and it is ever renewing itself as a supplementary part of Bourgeoisie society

Τα μεμονωμένα μέλη αυτής της τάξης, ωστόσο, ρίχνονται συνεχώς κάτω στο προλεταριάτο

The individual members of this class, however, are being constantly hurled down into the proletariat

Απορροφώνται από το προλεταριάτο μέσω της δράσης του ανταγωνισμού

they are sucked up by the proletariat through the action of competition

Καθώς αναπτύσσεται η σύγχρονη βιομηχανία, βλέπουν ακόμη και τη στιγμή που πλησιάζει όταν θα εξαφανιστούν εντελώς ως ανεξάρτητο τμήμα της σύγχρονης κοινωνίας

as modern industry develops they even see the moment approaching when they will completely disappear as an independent section of modern society

Θα αντικατασταθούν, στη βιομηχανία, τη γεωργία και το εμπόριο, από επιβλέποντες, δικαστικούς επιμελητές και καταστηματάρχες

they will be replaced, in manufactures, agriculture and commerce, by overlookers, bailiffs and shopmen

Σε χώρες όπως η Γαλλία, όπου οι αγρότες αποτελούν πολύ περισσότερο από το ήμισυ του πληθυσμού

In countries like France, where the peasants constitute far more than half of the population

Ήταν φυσικό να υπάρχουν συγγραφείς που τάχθηκαν με το μέρος του προλεταριάτου ενάντια στην αστική τάξη

it was natural that there there are writers who sided with the proletariat against the Bourgeoisie

Στην κριτική τους για το καθεστώς της αστικής τάξης χρησιμοποίησαν το πρότυπο της αγροτικής και μικροαστικής τάξης

in their criticism of the Bourgeoisie regime they used the standard of the peasant and petty Bourgeoisie

Και από τη σκοπιά αυτών των ενδιάμεσων τάξεων
παίρνουν τα χάδια για την εργατική τάξη
and from the standpoint of these intermediate classes they
take up the cudgels for the working class
Έτσι προέκυψε ο μικροαστικός σοσιαλισμός, του οποίου
ο Sismondi ήταν επικεφαλής αυτής της σχολής, όχι
μόνο στη Γαλλία αλλά και στην Αγγλία
Thus arose petty-Bourgeoisie Socialism, of which Sismondi
was the head of this school, not only in France but also in
England
Αυτή η σχολή του σοσιαλισμού ανέλυσε με μεγάλη
οξύτητα τις αντιφάσεις στις συνθήκες της σύγχρονης
παραγωγής
This school of Socialism dissected with great acuteness the
contradictions in the conditions of modern production
Αυτή η σχολή αποκάλυψε τις υποκριτικές απολογίες
των οικονομολόγων
This school laid bare the hypocritical apologies of economists
Αυτό το σχολείο απέδειξε, αναμφισβήτητα, τις
καταστροφικές συνέπειες των μηχανών και του
καταμερισμού της εργασίας
This school proved, incontrovertibly, the disastrous effects of
machinery and division of labour
Απέδειξε τη συγκέντρωση κεφαλαίου και γης σε λίγα
χέρια
it proved the concentration of capital and land in a few hands
απέδειξε πώς η υπερπαραγωγή οδηγεί σε κρίσεις της
αστικής τάξης
it proved how overproduction leads to Bourgeoisie crises
Τόνιζε την αναπόφευκτη καταστροφή της
μικροαστικής τάξης και του αγρότη
it pointed out the inevitable ruin of the petty Bourgeoisie and
peasant
Η δυστυχία του προλεταριάτου, η αναρχία στην
παραγωγή, οι κραυγαλέες ανισότητες στην κατανομή
του πλούτου

the misery of the proletariat, the anarchy in production, the crying inequalities in the distribution of wealth

Έδειξε πώς το σύστημα παραγωγής οδηγεί τον βιομηχανικό πόλεμο εξόντωσης μεταξύ των εθνών

it showed how the system of production leads the industrial war of extermination between nations

τη διάλυση των παλαιών ηθικών δεσμών, των παλαιών οικογενειακών σχέσεων, των παλαιών εθνοτήτων

the dissolution of old moral bonds, of the old family relations, of the old nationalities

Στους θετικούς στόχους της, όμως, αυτή η μορφή σοσιαλισμού φιλοδοξεί να επιτύχει ένα από τα δύο πράγματα

In its positive aims, however, this form of Socialism aspires to achieve one of two things

είτε στοχεύει στην αποκατάσταση των παλιών μέσων παραγωγής και ανταλλαγής

either it aims to restore the old means of production and of exchange

Και με τα παλιά μέσα παραγωγής θα αποκαθιστούσε τις παλιές σχέσεις ιδιοκτησίας και την παλιά κοινωνία

and with the old means of production it would restore the old property relations, and the old society

ή στοχεύει να περιορίσει τα σύγχρονα μέσα παραγωγής και ανταλλαγής στο παλιό πλαίσιο των σχέσεων ιδιοκτησίας

or it aims to cramp the modern means of production and exchange into the old framework of the property relations

Και στις δύο περιπτώσεις, είναι τόσο αντιδραστικό όσο και ουτοπικό

In either case, it is both reactionary and Utopian

Οι τελευταίες λέξεις του είναι: εταιρικές συντεχνίες για τη βιομηχανία, πατριαρχικές σχέσεις στη γεωργία

Its last words are: corporate guilds for manufacture, patriarchal relations in agriculture

Τελικά, όταν τα επίμονα ιστορικά γεγονότα είχαν διασκορπίσει όλες τις μεθυστικές επιπτώσεις της αυταπάτης.

Ultimately, when stubborn historical facts had dispersed all intoxicating effects of self-deception

Αυτή η μορφή σοσιαλισμού κατέληξε σε μια άθλια κρίση οίκτου

this form of Socialism ended in a miserable fit of pity

γ) Γερμανικός ή «αληθινός» σοσιαλισμός

c) German, or "True," Socialism

Η σοσιαλιστική και κομμουνιστική λογοτεχνία της
Γαλλίας προήλθε κάτω από την πίεση μιας αστικής
τάξης στην εξουσία

The Socialist and Communist literature of France originated
under the pressure of a Bourgeoisie in power

Και αυτή η λογοτεχνία ήταν η έκφραση του αγώνα
ενάντια σε αυτή την εξουσία

and this literature was the expression of the struggle against
this power

εισήχθη στη Γερμανία σε μια εποχή που η αστική τάξη
είχε μόλις αρχίσει τον ανταγωνισμό της με τη
φεουδαρχική απολυταρχία

it was introduced into Germany at a time when the
Bourgeoisie had just begun its contest with feudal absolutism

Γερμανοί φιλόσοφοι, επίδοξοι φιλόσοφοι και beaux
esprits, άρπαξαν με ανυπομονησία αυτή τη λογοτεχνία

German philosophers, would-be philosophers, and beaux
esprits, eagerly seized on this literature

αλλά ξέχασαν ότι τα γραπτά μετανάστευσαν από τη
Γαλλία στη Γερμανία χωρίς να φέρουν μαζί τους τις
γαλλικές κοινωνικές συνθήκες

but they forgot that the writings immigrated from France into
Germany without bringing the French social conditions along

Σε επαφή με τις γερμανικές κοινωνικές συνθήκες, αυτή
η γαλλική λογοτεχνία έχασε όλη την άμεση πρακτική
της σημασία

In contact with German social conditions, this French
literature lost all its immediate practical significance

και η κομμουνιστική λογοτεχνία της Γαλλίας πήρε μια
καθαρά λογοτεχνική πτυχή στους γερμανικούς
ακαδημαϊκούς κύκλους

and the Communist literature of France assumed a purely
literary aspect in German academic circles

Έτσι, τα αιτήματα της πρώτης Γαλλικής Επανάστασης δεν ήταν τίποτα περισσότερο από τα αιτήματα του «Πρακτικού Λόγου»

Thus, the demands of the first French Revolution were nothing more than the demands of "Practical Reason"

Και η έκφραση της θέλησης της επαναστατικής γαλλικής μπουρζουαζίας σήμαινε στα μάτια τους το νόμο της καθαρής θέλησης

and the utterance of the will of the revolutionary French Bourgeoisie signified in their eyes the law of pure Will

Σήμαινε τη Θέληση όπως ήταν επόμενο να είναι. της αληθινής ανθρώπινης Θέλησης γενικά

it signified Will as it was bound to be; of true human Will generally

Ο κόσμος των Γερμανών λογοτεχνών συνίστατο αποκλειστικά στο να φέρει τις νέες γαλλικές ιδέες σε αρμονία με την αρχαία φιλοσοφική τους συνείδηση

The world of the German literati consisted solely in bringing the new French ideas into harmony with their ancient philosophical conscience

ή μάλλον, προσάρτησαν τις γαλλικές ιδέες χωρίς να εγκαταλείψουν τη δική τους φιλοσοφική άποψη

or rather, they annexed the French ideas without deserting their own philosophic point of view

Αυτή η προσάρτηση πραγματοποιήθηκε με τον ίδιο τρόπο με τον οποίο οικειοποιείται μια ξένη γλώσσα, δηλαδή με μετάφραση

This annexation took place in the same way in which a foreign language is appropriated, namely, by translation

Είναι γνωστό πώς οι μοναχοί έγραψαν ανόητους βίους καθολικών αγίων πάνω από χειρόγραφα

It is well known how the monks wrote silly lives of Catholic Saints over manuscripts

Τα χειρόγραφα πάνω στα οποία είχαν γραφτεί τα κλασικά έργα του αρχαίου ειδωλολατρικού κόσμου

the manuscripts on which the classical works of ancient heathendom had been written

Οι Γερμανοί λογοτέχνες αντέστρεψαν αυτή τη διαδικασία με τη βέβηλη γαλλική λογοτεχνία

The German literati reversed this process with the profane French literature

Έγραψαν τις φιλοσοφικές ανοησίες τους κάτω από το γαλλικό πρωτότυπο

They wrote their philosophical nonsense beneath the French original

Για παράδειγμα, κάτω από τη γαλλική κριτική για τις οικονομικές λειτουργίες του χρήματος, έγραψαν την «Αλλοτρίωση της Ανθρωπότητας»

For instance, beneath the French criticism of the economic functions of money, they wrote "Alienation of Humanity"

Κάτω από τη γαλλική κριτική στο αστικό κράτος έγραψαν «εκθρόνιση της κατηγορίας του στρατηγού»

beneath the French criticism of the Bourgeoisie State they wrote "dethronement of the Category of the General"

Η εισαγωγή αυτών των φιλοσοφικών φράσεων στο πίσω μέρος των γαλλικών ιστορικών κριτικών που ονόμασαν:

The introduction of these philosophical phrases at the back of the French historical criticisms they dubbed:

«Φιλοσοφία της Δράσης», «Αληθινός Σοσιαλισμός», «Γερμανική Επιστήμη του Σοσιαλισμού», «Φιλοσοφικό Θεμέλιο του Σοσιαλισμού» και ούτω καθεξής

"Philosophy of Action," "True Socialism," "German Science of Socialism," "Philosophical Foundation of Socialism," and so on

Η γαλλική σοσιαλιστική και κομμουνιστική λογοτεχνία ήταν έτσι εντελώς ευνουχισμένη

The French Socialist and Communist literature was thus completely emasculated

στα χέρια των Γερμανών φιλοσόφων έπαψε να εκφράζει την πάλη της μιας τάξης με την άλλη

in the hands of the German philosophers it ceased to express the struggle of one class with the other

και έτσι οι Γερμανοί φιλόσοφοι αισθάνθηκαν συνειδητά ότι είχαν ξεπεράσει τη «γαλλική μονομέρεια»

and so the German philosophers felt conscious of having overcome "French one-sidedness"

Δεν έπρεπε να αντιπροσωπεύει αληθινές απαιτήσεις, αλλά αντιπροσώπευε απαιτήσεις αλήθειας

it did not have to represent true requirements, rather, it represented requirements of truth

δεν υπήρχε ενδιαφέρον για το προλεταριάτο, μάλλον, υπήρχε ενδιαφέρον για την ανθρώπινη φύση

there was no interest in the proletariat, rather, there was interest in Human Nature

Το ενδιαφέρον ήταν για τον Άνθρωπο γενικά, ο οποίος δεν ανήκει σε καμία τάξη και δεν έχει καμία πραγματικότητα

the interest was in Man in general, who belongs to no class, and has no reality

Ένας άνθρωπος που υπάρχει μόνο στην ομιχλώδη σφαίρα της φιλοσοφικής φαντασίας

a man who exists only in the misty realm of philosophical fantasy

αλλά τελικά αυτός ο μαθητής, ο γερμανικός σοσιαλισμός, έχασε επίσης την σχολαστική αθωότητά του

but eventually this schoolboy German Socialism also lost its pedantic innocence

Η γερμανική αστική τάξη, και ιδιαίτερα η πρωσική αστική τάξη, πολέμησαν ενάντια στη φεουδαρχική αριστοκρατία

the German Bourgeoisie, and especially the Prussian Bourgeoisie fought against feudal aristocracy

η απόλυτη μοναρχία της Γερμανίας και της Πρωσίας ήταν επίσης εναντίον

the absolute monarchy of Germany and Prussia was also
being faught against

**Και με τη σειρά της, η λογοτεχνία του φιλελεύθερου
κινήματος έγινε επίσης πιο σοβαρή**

and in turn, the literature of the liberal movement also became
more earnest

**Προσφέρθηκε η πολυπόθητη ευκαιρία της Γερμανίας
για «αληθινό» σοσιαλισμό**

Germany's long wished-for opportunity for "true" Socialism
was offered

**την ευκαιρία να αντιμετωπίσει το πολιτικό κίνημα με
τα σοσιαλιστικά αιτήματα**

the opportunity of confronting the political movement with
the Socialist demands

**την ευκαιρία να εκσφενδονιστούν τα παραδοσιακά
αναθέματα κατά του φιλελευθερισμού**

the opportunity of hurling the traditional anathemas against
liberalism

**την ευκαιρία να επιτεθούν στην αντιπροσωπευτική
κυβέρνηση και τον αστικό ανταγωνισμό**

the opportunity to attack representative government and
Bourgeoisie competition

**Αστική ελευθερία του τύπου, αστική νομοθεσία, αστική
ελευθερία και ισότητα**

Bourgeoisie freedom of the press, Bourgeoisie legislation,
Bourgeoisie liberty and equality

**Όλα αυτά θα μπορούσαν τώρα να επικριθούν στον
πραγματικό κόσμο, παρά στη φαντασία**

all of these could now be critiqued in the real world, rather
than in fantasy

**Η φεουδαρχική αριστοκρατία και η απόλυτη μοναρχία
είχαν από καιρό κηρύξει στις μάζες**

feudal aristocracy and absolute monarchy had long preached
to the masses

**«Ο εργαζόμενος δεν έχει τίποτα να χάσει και έχει τα
πάντα να κερδίσει»**

"the working man has nothing to lose, and he has everything to gain"

Το κίνημα της αστικής τάξης πρόσφερε επίσης την ευκαιρία να αντιμετωπίσει αυτές τις κοινοτοπίες

the Bourgeoisie movement also offered a chance to confront these platitudes

Η γαλλική κριτική προϋπέθετε την ύπαρξη της σύγχρονης αστικής κοινωνίας

the French criticism presupposed the existence of modern Bourgeoisie society

Αστικές οικονομικές συνθήκες ύπαρξης και πολιτική συγκρότηση της αστικής τάξης

Bourgeoisie economic conditions of existence and Bourgeoisie political constitution

τα ίδια τα πράγματα των οποίων η επίτευξη ήταν το αντικείμενο του εκκρεμούς αγώνα στη Γερμανία

the very things whose attainment was the object of the pending struggle in Germany

Η ανόητη ηχώ του σοσιαλισμού της Γερμανίας εγκατέλειψε αυτούς τους στόχους ακριβώς στην αρχή του χρόνου

Germany's silly echo of socialism abandoned these goals just in the nick of time

Οι απόλυτες κυβερνήσεις είχαν τους οπαδούς τους από εφημέριους, καθηγητές, σκίουρους της χώρας και αξιωματούχους

the absolute governments had their following of parsons, professors, country squires and officials

Η τότε κυβέρνηση αντιμετώπισε τις εξεγέρσεις της γερμανικής εργατικής τάξης με μαστιγώματα και σφαίρες

the government of the time met the German working-class risings with floggings and bullets

Γι' αυτούς αυτός ο σοσιαλισμός χρησίμευε σαν ένα ευπρόσδεκτο σκιάχτρο ενάντια στην απειλητική αστική τάξη

for them this socialism served as a welcome scarecrow against the threatening Bourgeoisie

και η γερμανική κυβέρνηση ήταν σε θέση να προσφέρει ένα γλυκό επιδόρπιο μετά τα πικρά χάπια που μοίρασε

and the German government was able to offer a sweet dessert after the bitter pills it handed out

Αυτός ο «αληθινός» σοσιαλισμός χρησίμευσε έτσι στις κυβερνήσεις ως όπλο για την καταπολέμηση της γερμανικής αστικής τάξης

this "True" Socialism thus served the governments as a weapon for fighting the German Bourgeoisie

και, ταυτόχρονα, αντιπροσώπευε άμεσα ένα αντιδραστικό συμφέρον. εκείνη των Γερμανών Φιλισταίων

and, at the same time, it directly represented a reactionary interest; that of the German Philistines

Στη Γερμανία η μικροαστική τάξη είναι η πραγματική κοινωνική βάση της υπάρχουσας κατάστασης πραγμάτων

In Germany the petty Bourgeoisie class is the real social basis of the existing state of things

Ένα λείψανο του δέκατου έκτου αιώνα που συνεχώς εμφανίζεται με διάφορες μορφές

a relique of the sixteenth century that has constantly been cropping up under various forms

Η διατήρηση αυτής της τάξης σημαίνει διατήρηση της υπάρχουσας κατάστασης πραγμάτων στη Γερμανία

To preserve this class is to preserve the existing state of things in Germany

Η βιομηχανική και πολιτική υπεροχή της αστικής τάξης απειλεί τη μικροαστική τάξη με βέβαιη καταστροφή

The industrial and political supremacy of the Bourgeoisie threatens the petty Bourgeoisie with certain destruction

από τη μια πλευρά, απειλεί να καταστρέψει τη μικροαστική τάξη μέσω της συγκέντρωσης κεφαλαίου

on the one hand, it threatens to destroy the petty Bourgeoisie
through the concentration of capital

Από την άλλη πλευρά, η αστική τάξη απειλεί να την
καταστρέψει μέσω της ανόδου ενός επαναστατικού
προλεταριάτου

on the other hand, the Bourgeoisie threatens to destroy it
through the rise of a revolutionary proletariat

Ο «αληθινός» σοσιαλισμός φάνηκε να σκοτώνει αυτά
τα δύο πουλιά με ένα σμπάρο. Εξαπλώθηκε σαν
επιδημία

"True" Socialism appeared to kill these two birds with one
stone. It spread like an epidemic

Ο χιτώνας των κερδοσκοπικών ιστών αράχνης,
κεντημένος με λουλούδια ρητορικής, βουτηγμένος στη
δροσιά του ασθενικού συναισθήματος

The robe of speculative cobwebs, embroidered with flowers of
rhetoric, steeped in the dew of sickly sentiment

Αυτός ο υπερβατικός χιτώνας με τον οποίο οι Γερμανοί
σοσιαλιστές τύλιξαν τις θλιβερές «αιώνιες αλήθειες»
τους

this transcendental robe in which the German Socialists
wrapped their sorry "eternal truths"

όλο το δέρμα και τα οστά, χρησίμευαν για να αυξήσουν
θαυμάσια την πώληση των αγαθών τους μεταξύ ενός
τέτοιου κοινού

all skin and bone, served to wonderfully increase the sale of
their goods amongst such a public

Και από την πλευρά του, ο γερμανικός σοσιαλισμός
αναγνώριζε, όλο και περισσότερο, το δικό του κάλεσμα

And on its part, German Socialism recognised, more and
more, its own calling

κλήθηκε να είναι ο πομπώδης εκπρόσωπος των
μικροαστών φιλισταίων

it was called to be the bombastic representative of the petty-
Bourgeoisie Philistine

Ανακήρυξε το γερμανικό έθνος πρότυπο έθνος και τον γερμανό μικροφιλισταίο πρότυπο ανθρώπου
It proclaimed the German nation to be the model nation, and German petty Philistine the model man
Σε κάθε μοχθηρή κακία αυτού του υποδειγματικού ανθρώπου έδινε μια κρυφή, υψηλότερη, σοσιαλιστική ερμηνεία
To every villainous meanness of this model man it gave a hidden, higher, Socialistic interpretation
Αυτή η ανώτερη, σοσιαλιστική ερμηνεία ήταν ακριβώς αντίθετη από τον πραγματικό της χαρακτήρα
this higher, Socialistic interpretation was the exact contrary of its real character
Έφτασε στο ακραίο σημείο της άμεσης αντίθεσης στην «βάναυσα καταστροφική» τάση του κομμουνισμού
It went to the extreme length of directly opposing the "brutally destructive" tendency of Communism
Και διακήρυξε την υπέρτατη και αμερόληπτη περιφρόνησή του για όλους τους ταξικούς αγώνες
and it proclaimed its supreme and impartial contempt of all class struggles
Με ελάχιστες εξαιρέσεις, όλες οι λεγόμενες σοσιαλιστικές και κομμουνιστικές εκδόσεις που κυκλοφορούν τώρα (1847) στη Γερμανία ανήκουν στη σφαίρα αυτής της βρώμικης και εξασθενητικής λογοτεχνίας
With very few exceptions, all the so-called Socialist and Communist publications that now (1847) circulate in Germany belong to the domain of this foul and enervating literature

2) Συντηρητικός σοσιαλισμός ή αστικός σοσιαλισμός

2) Conservative Socialism, or Bourgeoisie Socialism

Ένα μέρος της αστικής τάξης επιθυμεί την αποκατάσταση των κοινωνικών αδικιών

A part of the Bourgeoisie is desirous of redressing social grievances

προκειμένου να εξασφαλιστεί η συνέχιση της ύπαρξης της αστικής κοινωνίας

in order to secure the continued existence of Bourgeoisie society

Σε αυτό το τμήμα ανήκουν οικονομολόγοι, φιλάνθρωποι, ανθρωπιστές

To this section belong economists, philanthropists, humanitarians

Βελτιωτές της κατάστασης της εργατικής τάξης και οργανωτές φιλανθρωπίας

improvers of the condition of the working class and organisers of charity

Μέλη Σωματείων κατά της Κακοποίησης των Ζώων

members of societies for the prevention of cruelty to animals

Φανατικοί της εγκράτειας, αναμορφωτές κάθε είδους που μπορεί να φανταστεί κανείς

temperance fanatics, hole-and-corner reformers of every imaginable kind

Αυτή η μορφή σοσιαλισμού έχει, επιπλέον, επεξεργαστεί σε ολοκληρωμένα συστήματα

This form of Socialism has, moreover, been worked out into complete systems

Μπορούμε να αναφέρουμε τη «Φιλοσοφία της Μιζέρ» του Προυντόν ως παράδειγμα αυτής της μορφής

We may cite Proudhon's "Philosophie de la Misère" as an example of this form

Η σοσιαλιστική αστική τάξη θέλει όλα τα πλεονεκτήματα των σύγχρονων κοινωνικών συνθηκών

The Socialistic Bourgeoisie want all the advantages of modern
social conditions

Αλλά η σοσιαλιστική αστική τάξη δεν θέλει
απαραίτητα τους αγώνες και τους κινδύνους που
προκύπτουν

but the Socialistic Bourgeoisie don't necessarily want the
resulting struggles and dangers

Επιθυμούν την υπάρχουσα κατάσταση της κοινωνίας,
μείον τα επαναστατικά και αποσυντιθέμενα στοιχεία
της

They desire the existing state of society, minus its
revolutionary and disintegrating elements

Με άλλα λόγια, επιθυμούν μια αστική τάξη χωρίς
προλεταριάτο

in other words, they wish for a Bourgeoisie without a
proletariat

Η αστική τάξη φυσικά αντιλαμβάνεται τον κόσμο στον
οποίο είναι υπέρτατο να είσαι ο καλύτερος

The Bourgeoisie naturally conceives the world in which it is
supreme to be the best

Και ο αστικός σοσιαλισμός αναπτύσσει αυτή την άνετη
αντίληψη σε διάφορα περισσότερο ή λιγότερο
ολοκληρωμένα συστήματα

and Bourgeoisie Socialism develops this comfortable
conception into various more or less complete systems

Θα ήθελαν πάρα πολύ το προλεταριάτο να βαδίσει
κατευθείαν στην κοινωνική Νέα Ιερουσαλήμ

they would very much like the proletariat to march
straightway into the social New Jerusalem

Αλλά στην πραγματικότητα απαιτεί από το
προλεταριάτο να παραμείνει μέσα στα όρια της
υπάρχουσας κοινωνίας

but in reality it requires the proletariat to remain within the
bounds of existing society

Ζητούν από το προλεταριάτο να πετάξει μακριά όλες τις
μισητές ιδέες του σχετικά με την αστική τάξη

they ask the proletariat to cast away all their hateful ideas concerning the Bourgeoisie

υπάρχει μια δεύτερη πιο πρακτική, αλλά λιγότερο συστηματική, μορφή αυτού του σοσιαλισμού

there is a second more practical, but less systematic, form of this Socialism

Αυτή η μορφή σοσιαλισμού επεδίωκε να απαξιώσει κάθε επαναστατικό κίνημα στα μάτια της εργατικής τάξης

this form of socialism sought to depreciate every revolutionary movement in the eyes of the working class

Υποστηρίζουν ότι καμία απλή πολιτική μεταρρύθμιση δεν θα μπορούσε να τους ωφελήσει

they argue no mere political reform could be of any advantage to them

Μόνο μια αλλαγή στις υλικές συνθήκες ύπαρξης στις οικονομικές σχέσεις είναι επωφελής

only a change in the material conditions of existence in economic relations are of benefit

Όπως και ο κομμουνισμός, αυτή η μορφή σοσιαλισμού υποστηρίζει μια αλλαγή στις υλικές συνθήκες ύπαρξης

like communism, this form of socialism advocates for a change in the material conditions of existence

Ωστόσο, αυτή η μορφή σοσιαλισμού με κανένα τρόπο δεν υποδηλώνει την κατάργηση των αστικών σχέσεων παραγωγής

however, this form of socialism by no means suggests the abolition of the Bourgeoisie relations of production

Η κατάργηση των αστικών σχέσεων παραγωγής μπορεί να επιτευχθεί μόνο μέσω μιας επανάστασης

the abolition of the Bourgeoisie relations of production can only be achieved through a revolution

Αλλά αντί για επανάσταση, αυτή η μορφή σοσιαλισμού προτείνει διοικητικές μεταρρυθμίσεις

but instead of a revolution, this form of socialism suggests administrative reforms

Και αυτές οι διοικητικές μεταρρυθμίσεις θα βασίζονταν στη συνέχιση αυτών των σχέσεων

and these administrative reforms would be based on the continued existence of these relations

μεταρρυθμίσεις, επομένως, που δεν επηρεάζουν σε καμία περίπτωση τις σχέσεις μεταξύ κεφαλαίου και εργασίας

reforms, therefore, that in no respect affect the relations between capital and labour

Στην καλύτερη περίπτωση, τέτοιες μεταρρυθμίσεις μειώνουν το κόστος και απλοποιούν το διοικητικό έργο της αστικής κυβέρνησης

at best, such reforms lessen the cost and simplify the administrative work of Bourgeoisie government

Ο αστικός σοσιαλισμός αποκτά επαρκή έκφραση, όταν, και μόνο όταν, γίνεται ένα απλό σχήμα λόγου

Bourgeois Socialism attains adequate expression, when, and only when, it becomes a mere figure of speech

Ελεύθερο εμπόριο: προς όφελος της εργατικής τάξης

Free trade: for the benefit of the working class

Προστατευτικά καθήκοντα: προς όφελος της εργατικής τάξης

Protective duties: for the benefit of the working class

Σωφρονιστική μεταρρύθμιση: προς όφελος της εργατικής τάξης

Prison Reform: for the benefit of the working class

Αυτή είναι η τελευταία λέξη και η μόνη σοβαρά εννοούμενη λέξη του αστικού σοσιαλισμού

This is the last word and the only seriously meant word of Bourgeoisie Socialism

Συνοψίζεται στη φράση: η αστική τάξη είναι αστική τάξη προς όφελος της εργατικής τάξης

It is summed up in the phrase: the Bourgeoisie is a Bourgeoisie for the benefit of the working class

3) Κριτικός-ουτοπικός σοσιαλισμός και κομμουνισμός
3) Critical-Utopian Socialism and Communism

Δεν αναφερόμαστε εδώ σε εκείνη τη φιλολογία που
πάντα εξέφραζε τα αιτήματα του προλεταριάτου
We do not here refer to that literature which has always given
voice to the demands of the proletariat
Αυτό ήταν παρόν σε κάθε μεγάλη σύγχρονη
επανάσταση, όπως τα γραπτά του Μπαμπέφ και άλλων
this has been present in every great modern revolution, such
as the writings of Babeuf and others
Οι πρώτες άμεσες προσπάθειες του προλεταριάτου να
επιτύχει τους δικούς του σκοπούς αναγκαστικά
απέτυχαν
The first direct attempts of the proletariat to attain its own
ends necessarily failed
Αυτές οι προσπάθειες έγιναν σε περιόδους παγκόσμιου
ενθουσιασμού, όταν ανατρεπόταν η φεουδαρχική
κοινωνία
these attempts were made in times of universal excitement,
when feudal society was being overthrown
Η τότε υπανάπτυκτη κατάσταση του προλεταριάτου
οδήγησε σε αυτές τις προσπάθειες να αποτύχουν
the then undeveloped state of the proletariat led to those
attempts failing
και απέτυχαν λόγω της απουσίας των οικονομικών
συνθηκών για τη χειραφέτησή του
and they failed due to the absence of the economic conditions
for its emancipation
συνθήκες που δεν είχαν ακόμη παραχθεί και θα
μπορούσαν να παραχθούν μόνο από την επικείμενη
εποχή της αστικής τάξης
conditions that had yet to be produced, and could be
produced by the impending Bourgeoisie epoch alone

Η επαναστατική φιλολογία που συνόδευε αυτά τα πρώτα κινήματα του προλεταριάτου είχε αναγκαστικά αντιδραστικό χαρακτήρα

The revolutionary literature that accompanied these first movements of the proletariat had necessarily a reactionary character

Αυτή η λογοτεχνία ενστάλαξε τον καθολικό ασκητισμό και την κοινωνική ισοπέδωση στην πιο ωμή μορφή της

This literature inculcated universal asceticism and social levelling in its crudest form

Τα σοσιαλιστικά και κομμουνιστικά συστήματα, όπως σωστά ονομάζονται, εμφανίζονται στην πρώιμη υπανάπτυκτη περίοδο

The Socialist and Communist systems, properly so called, spring into existence in the early undeveloped period

Ο Saint-Simon, ο Fourier, ο Owen και άλλοι, περιέγραψαν την πάλη μεταξύ προλεταριάτου και αστικής τάξης (βλ. Τμήμα 1)

Saint-Simon, Fourier, Owen and others, described the struggle between proletariat and Bourgeoisie (see Section 1)

Οι ιδρυτές αυτών των συστημάτων βλέπουν, πράγματι, τους ταξικούς ανταγωνισμούς

The founders of these systems see, indeed, the class antagonisms

Βλέπουν επίσης τη δράση των αποσυντιθέμενων στοιχείων, στην επικρατούσα μορφή της κοινωνίας

they also see the action of the decomposing elements, in the prevailing form of society

Αλλά το προλεταριάτο, ακόμα στα σπάργανα, τους προσφέρει το θέαμα μιας τάξης χωρίς καμία ιστορική πρωτοβουλία

But the proletariat, as yet in its infancy, offers to them the spectacle of a class without any historical initiative

Βλέπουν το θέαμα μιας κοινωνικής τάξης χωρίς κανένα ανεξάρτητο πολιτικό κίνημα

they see the spectacle of a social class without any independent political movement

Η ανάπτυξη του ταξικού ανταγωνισμού συμβαδίζει με την ανάπτυξη της βιομηχανίας

the development of class antagonism keeps even pace with the development of industry

Έτσι, η οικονομική κατάσταση δεν τους προσφέρει ακόμα τις υλικές συνθήκες για τη χειραφέτηση του προλεταριάτου

so the economic situation does not as yet offer to them the material conditions for the emancipation of the proletariat

Αναζητούν, λοιπόν, μια νέα κοινωνική επιστήμη, νέους κοινωνικούς νόμους, που θα δημιουργήσουν αυτές τις συνθήκες

They therefore search after a new social science, after new social laws, that are to create these conditions

Ιστορική δράση είναι να υποκύπτουν στην προσωπική τους εφευρετική δράση

historical action is to yield to their personal inventive action

Οι ιστορικά δημιουργημένες συνθήκες χειραφέτησης πρέπει να υποκύπτουν σε φανταστικές συνθήκες

historically created conditions of emancipation are to yield to fantastic conditions

Και η βαθμιαία, αυθόρμητη ταξική οργάνωση του προλεταριάτου πρέπει να υποκύψει στην οργάνωση της κοινωνίας

and the gradual, spontaneous class-organisation of the proletariat is to yield to the organisation of society

Η οργάνωση της κοινωνίας ειδικά κατασκευασμένη από αυτούς τους εφευρέτες

the organisation of society specially contrived by these inventors

Η μελλοντική ιστορία επιλύεται, στα μάτια τους, στην προπαγάνδα και την πρακτική εκτέλεση των κοινωνικών τους σχεδίων

Future history resolves itself, in their eyes, into the propaganda and the practical carrying out of their social plans

Στη διαμόρφωση των σχεδίων τους έχουν συνείδηση ότι ενδιαφέρονται κυρίως για τα συμφέροντα της εργατικής τάξης

In the formation of their plans they are conscious of caring chiefly for the interests of the working class

Μόνο από την άποψη ότι είναι η τάξη που υποφέρει περισσότερο, υπάρχει γι' αυτούς το προλεταριάτο

Only from the point of view of being the most suffering class does the proletariat exist for them

Η υπανάπτυκτη κατάσταση της ταξικής πάλης και το περιβάλλον τους διαμορφώνουν τις απόψεις τους

The undeveloped state of the class struggle and their own surroundings inform their opinions

Οι σοσιαλιστές αυτού του είδους θεωρούν τους εαυτούς τους πολύ ανώτερους από όλους τους ταξικούς ανταγωνισμούς

Socialists of this kind consider themselves far superior to all class antagonisms

Θέλουν να βελτιώσουν την κατάσταση κάθε μέλους της κοινωνίας, ακόμη και του πιο ευνοημένου

They want to improve the condition of every member of society, even that of the most favoured

Ως εκ τούτου, συνήθως απευθύνονται στην κοινωνία στο σύνολό της, χωρίς διάκριση τάξης

Hence, they habitually appeal to society at large, without distinction of class

Όχι, απευθύνονται στην κοινωνία στο σύνολό της κατά προτίμηση στην άρχουσα τάξη

nay, they appeal to society at large by preference to the ruling class

Για αυτούς, το μόνο που χρειάζεται είναι οι άλλοι να κατανοήσουν το σύστημά τους

to them, all it requires is for others to understand their system

Γιατί πώς μπορούν οι άνθρωποι να μην βλέπουν ότι το καλύτερο δυνατό σχέδιο είναι για την καλύτερη δυνατή κατάσταση της κοινωνίας;

because how can people fail to see that the best possible plan is for the best possible state of society?

Ως εκ τούτου, απορρίπτουν κάθε πολιτική, και ιδιαίτερα κάθε επαναστατική, δράση

Hence, they reject all political, and especially all revolutionary, action

επιθυμούν να επιτύχουν τους σκοπούς τους με ειρηνικά μέσα·

they wish to attain their ends by peaceful means

Προσπαθούν, με μικρά πειράματα, τα οποία είναι αναγκαστικά καταδικασμένα σε αποτυχία

they endeavour, by small experiments, which are necessarily doomed to failure

και με τη δύναμη του παραδείγματος προσπαθούν να ανοίξουν το δρόμο για το νέο κοινωνικό Ευαγγέλιο

and by the force of example they try to pave the way for the new social Gospel

Τέτοιες φανταστικές εικόνες της μελλοντικής κοινωνίας, ζωγραφισμένες σε μια εποχή που το προλεταριάτο είναι ακόμα σε μια πολύ υπανάπτυκτη κατάσταση

Such fantastic pictures of future society, painted at a time when the proletariat is still in a very undeveloped state

Και εξακολουθεί να έχει μόνο μια φανταστική αντίληψη της δικής της θέσης

and it still has but a fantastical conception of its own position

Αλλά οι πρώτοι ενστικτώδεις πόθοι τους αντιστοιχούν στους πόθους του προλεταριάτου

but their first instinctive yearnings correspond with the yearnings of the proletariat

Και οι δύο λαχταρούν μια γενική ανασυγκρότηση της κοινωνίας

both yearn for a general reconstruction of society

Αλλά αυτές οι σοσιαλιστικές και κομμουνιστικές
εκδόσεις περιέχουν επίσης ένα κρίσιμο στοιχείο
But these Socialist and Communist publications also contain a
critical element
Επιτίθενται σε κάθε αρχή της υπάρχουσας κοινωνίας
They attack every principle of existing society
Ως εκ τούτου, είναι γεμάτα από τα πιο πολύτιμα υλικά
για τη διαφώτιση της εργατικής τάξης
Hence they are full of the most valuable materials for the
enlightenment of the working class
Προτείνουν την κατάργηση της διάκρισης μεταξύ
πόλης και υπαίθρου και οικογένειας
they propose abolition of the distinction between town and
country, and the family
την κατάργηση της βιομηχανικής δραστηριότητας για
λογαριασμό ιδιωτών·
the abolition of the carrying on of industries for the account of
private individuals
και την κατάργηση του συστήματος της μισθωτής
εργασίας και τη διακήρυξη της κοινωνικής αρμονίας
and the abolition of the wage system and the proclamation of
social harmony
τη μετατροπή των λειτουργιών του κράτους σε απλή
εποπτεία της παραγωγής·
the conversion of the functions of the State into a mere
superintendence of production
Όλες αυτές οι προτάσεις, δείχνουν μόνο την εξαφάνιση
των ταξικών ανταγωνισμών
all these proposals, point solely to the disappearance of class
antagonisms
Οι ταξικοί ανταγωνισμοί, εκείνη την εποχή, μόλις
εμφανίζονταν
class antagonisms were, at that time, only just cropping up
Σε αυτές τις εκδόσεις αυτοί οι ταξικοί ανταγωνισμοί
αναγνωρίζονται μόνο στις πρώτες, ασαφείς και
απροσδιόριστες μορφές τους

in these publications these class antagonisms are recognised in their earliest, indistinct and undefined forms only

Οι προτάσεις αυτές, επομένως, έχουν καθαρά ουτοπικό χαρακτήρα

These proposals, therefore, are of a purely Utopian character

Η σημασία του Κριτικού-Ουτοπικού Σοσιαλισμού και Κομμουνισμού έχει αντίστροφη σχέση με την ιστορική εξέλιξη

The significance of Critical-Utopian Socialism and Communism bears an inverse relation to historical development

Η σύγχρονη ταξική πάλη θα αναπτυχθεί και θα συνεχίσει να παίρνει οριστική μορφή

the modern class struggle will develop and continue to take definite shape

Αυτή η φανταστική στάση από το διαγωνισμό θα χάσει κάθε πρακτική αξία

this fantastic standing from the contest will lose all practical value

Αυτές οι φανταστικές επιθέσεις στους ταξικούς ανταγωνισμούς θα χάσουν κάθε θεωρητική αιτιολόγηση

these fantastic attacks on class antagonisms will lose all theoretical justification

Οι δημιουργοί αυτών των συστημάτων ήταν, από πολλές απόψεις, επαναστάτες

the originators of these systems were, in many respects, revolutionary

Αλλά οι μαθητές τους, σε κάθε περίπτωση, έχουν σχηματίσει απλές αντιδραστικές αιρέσεις

but their disciples have, in every case, formed mere reactionary sects

Κρατούν σφιχτά τις αρχικές απόψεις των κυρίων τους

They hold tightly to the original views of their masters

Αλλά αυτές οι απόψεις βρίσκονται σε αντίθεση με την προοδευτική ιστορική ανάπτυξη του προλεταριάτου

but these views are in opposition to the progressive historical development of the proletariat

Προσπαθούν, λοιπόν, και αυτό με συνέπεια, να νεκρώσουν την ταξική πάλη

They, therefore, endeavour, and that consistently, to deaden the class struggle

Και προσπαθούν με συνέπεια να συμβιβάσουν τους ταξικούς ανταγωνισμούς

and they consistently endeavour to reconcile the class antagonisms

Εξακολουθούν να ονειρεύονται την πειραματική υλοποίηση των κοινωνικών τους Ουτοπιών

They still dream of experimental realisation of their social Utopias

εξακολουθούν να ονειρεύονται την ίδρυση απομονωμένων "φαλανστηρίων" και την ίδρυση "αποικιών στο σπίτι"

they still dream of founding isolated "phalansteres" and establishing "Home Colonies"

ονειρεύονται να δημιουργήσουν μια «Μικρή Ικαρία» – εκδόσεις duodecimo της Νέας Ιερουσαλήμ

they dream of setting up a "Little Icaria"—duodecimo editions of the New Jerusalem

Και ονειρεύονται να πραγματοποιήσουν όλα αυτά τα κάστρα στον αέρα

and they dream to realise all these castles in the air

Είναι αναγκασμένοι να απευθύνονται στα αισθήματα και τα πορτοφόλια των αστών

they are compelled to appeal to the feelings and purses of the bourgeois

Βαθμιαία βυθίζονται στην κατηγορία των αντιδραστικών συντηρητικών σοσιαλιστών που απεικονίζονται παραπάνω

By degrees they sink into the category of the reactionary conservative Socialists depicted above

Διαφέρουν από αυτά μόνο με πιο συστηματική σχολαστικότητα.

they differ from these only by more systematic pedantry

Και διαφέρουν από τη φανατική και δεισιδαιμονική πίστη τους στα θαυμαστά αποτελέσματα της κοινωνικής τους επιστήμης

and they differ by their fanatical and superstitious belief in the miraculous effects of their social science

Ως εκ τούτου, αντιτίθενται βίαια σε κάθε πολιτική δράση εκ μέρους της εργατικής τάξης

They, therefore, violently oppose all political action on the part of the working class

Μια τέτοια ενέργεια, σύμφωνα με αυτούς, μπορεί να προκύψει μόνο από τυφλή απιστία στο νέο Ευαγγέλιο

such action, according to them, can only result from blind unbelief in the new Gospel

Οι Owenites στην Αγγλία και οι Fourierists στη Γαλλία, αντίστοιχα, αντιτίθενται στους Χαρτιστές και τους "Réformistes"

The Owenites in England, and the Fourierists in France, respectively, oppose the Chartists and the "Réformistes"

Η θέση των κομμουνιστών σε σχέση με τα διάφορα
υπάρχοντα κόμματα της αντιπολίτευσης
Position of the Communists in Relation to the Various Existing
Opposision Parties

Το τμήμα II έχει καταστήσει σαφείς τις σχέσεις των
κομμουνιστών με τα υπάρχοντα κόμματα της
εργατικής τάξης
Section II has made clear the relations of the Communists to
the existing working-class parties
όπως οι Χαρτιστές στην Αγγλία και οι Αγροτικοί
Μεταρρυθμιστές στην Αμερική
such as the Chartists in England, and the Agrarian Reformers
in America
Οι κομμουνιστές παλεύουν για την επίτευξη των
άμεσων στόχων
The Communists fight for the attainment of the immediate
aims
Αγωνίζονται για την επιβολή των στιγμιαίων
συμφερόντων της εργατικής τάξης
they fight for the enforcement of the momentary interests of
the working class
Αλλά στο πολιτικό κίνημα του παρόντος,
αντιπροσωπεύουν επίσης και φροντίζουν το μέλλον
αυτού του κινήματος
but in the political movement of the present, they also
represent and take care of the future of that movement
Στη Γαλλία οι κομμουνιστές συμμαχούν με τους
σοσιαλδημοκράτες
In France the Communists ally themselves with the Social-
Democrats
και τοποθετούνται ενάντια στη συντηρητική και
ριζοσπαστική αστική τάξη
and they position themselves against the conservative and
radical Bourgeoisie

Ωστόσο, διατηρούν το δικαίωμα να πάρουν μια κριτική θέση σχετικά με φράσεις και αυταπάτες που παραδοσιακά παραδόθηκαν από τη μεγάλη Επανάσταση

however, they reserve the right to take up a critical position in regard to phrases and illusions traditionally handed down from the great Revolution

Στην Ελβετία υποστηρίζουν τους ριζοσπάστες, χωρίς να παραβλέπουν το γεγονός ότι αυτό το κόμμα αποτελείται από ανταγωνιστικά στοιχεία

In Switzerland they support the Radicals, without losing sight of the fact that this party consists of antagonistic elements

εν μέρει των δημοκρατών σοσιαλιστών, με τη γαλλική έννοια, εν μέρει της ριζοσπαστικής αστικής τάξης

partly of Democratic Socialists, in the French sense, partly of radical Bourgeoisie

Στην Πολωνία υποστηρίζουν το κόμμα που επιμένει σε μια αγροτική επανάσταση ως πρωταρχική προϋπόθεση για την εθνική χειραφέτηση

In Poland they support the party that insists on an agrarian revolution as the prime condition for national emancipation

το κόμμα που υποκίνησε την εξέγερση της Κρακοβίας το 1846

that party which fomented the insurrection of Cracow in 1846

Στη Γερμανία παλεύουν με την αστική τάξη όποτε αυτή δρα με επαναστατικό τρόπο

In Germany they fight with the Bourgeoisie whenever it acts in a revolutionary way

ενάντια στην απόλυτη μοναρχία, τη φεουδαρχική σκίουρο και τη μικροαστική τάξη

against the absolute monarchy, the feudal squirearchy, and the petty Bourgeoisie

Αλλά ποτέ δεν σταματούν, ούτε για μια στιγμή, να ενσταλάξουν στην εργατική τάξη μια συγκεκριμένη ιδέα

But they never cease, for a single instant, to instil into the working class one particular idea

την σαφέστερη δυνατή αναγνώριση του εχθρικού ανταγωνισμού ανάμεσα στην αστική τάξη και το προλεταριάτο

the clearest possible recognition of the hostile antagonism between Bourgeoisie and proletariat

έτσι ώστε οι γερμανοί εργάτες να μπορούν να χρησιμοποιήσουν αμέσως τα όπλα που έχουν στη διάθεσή τους

so that the German workers may straightaway use the weapons at their disposal

τις κοινωνικές και πολιτικές συνθήκες που πρέπει αναγκαστικά να εισαγάγει η αστική τάξη μαζί με την υπεροχή της

the social and political conditions that the Bourgeoisie must necessarily introduce along with its supremacy

Η πτώση των αντιδραστικών τάξεων στη Γερμανία είναι αναπόφευκτη

the fall of the reactionary classes in Germany is inevitable

Και τότε μπορεί να αρχίσει αμέσως ο αγώνας ενάντια στην ίδια την αστική τάξη

and then the fight against the Bourgeoisie itself may immediately begin

Οι κομμουνιστές στρέφουν την προσοχή τους κυρίως στη Γερμανία, γιατί αυτή η χώρα βρίσκεται στις παραμονές μιας αστικής επανάστασης

The Communists turn their attention chiefly to Germany, because that country is on the eve of a Bourgeoisie revolution

μια επανάσταση που είναι βέβαιο ότι θα πραγματοποιηθεί κάτω από πιο προηγμένες συνθήκες του ευρωπαϊκού πολιτισμού

a revolution that is bound to be carried out under more advanced conditions of European civilisation

Και είναι βέβαιο ότι θα πραγματοποιηθεί με ένα πολύ πιο αναπτυγμένο προλεταριάτο

and it is bound to be carried out with a much more developed proletariat

Ένα προλεταριάτο πιο προηγμένο από εκείνο της Αγγλίας ήταν τον δέκατο έβδομο και της Γαλλίας τον δέκατο όγδοο αιώνα

a proletariat more advanced than that of England was in the seventeenth, and of France in the eighteenth century

και επειδή η αστική επανάσταση στη Γερμανία δεν θα είναι παρά το προοίμιο μιας αμέσως επόμενης προλεταριακής επανάστασης

and because the Bourgeoisie revolution in Germany will be but the prelude to an immediately following proletarian revolution

Εν ολίγοις, οι κομμουνιστές παντού υποστηρίζουν κάθε επαναστατικό κίνημα ενάντια στην υπάρχουσα κοινωνική και πολιτική τάξη πραγμάτων

In short, the Communists everywhere support every revolutionary movement against the existing social and political order of things

Σε όλα αυτά τα κινήματα φέρνουν στο προσκήνιο, ως το κύριο ζήτημα σε κάθε ένα, το ζήτημα της ιδιοκτησίας

In all these movements they bring to the front, as the leading question in each, the property question

ανεξάρτητα από το βαθμό ανάπτυξής της στη χώρα αυτή τη στιγμή

no matter what its degree of development is in that country at the time

Τέλος, εργάζονται παντού για την ένωση και τη συμφωνία των δημοκρατικών κομμάτων όλων των χωρών

Finally, they labour everywhere for the union and agreement of the democratic parties of all countries

Οι κομμουνιστές περιφρονούν να κρύψουν τις απόψεις και τους στόχους τους

The Communists disdain to conceal their views and aims

Δηλώνουν ανοιχτά ότι οι σκοποί τους μπορούν να επιτευχθούν μόνο με τη βίαιη ανατροπή όλων των υφιστάμενων κοινωνικών συνθηκών

They openly declare that their ends can be attained only by the forcible overthrow of all existing social conditions

Ας τρέμουν οι άρχουσες τάξεις μπροστά σε μια κομμουνιστική επανάσταση

Let the ruling classes tremble at a Communistic revolution

Οι προλετάριοι δεν έχουν τίποτα να χάσουν εκτός από τις αλυσίδες τους

The proletarians have nothing to lose but their chains

Έχουν έναν κόσμο να κερδίσουν

They have a world to win

ΕΡΓΑΖΌΜΕΝΟΙ ΌΛΩΝ ΤΩΝ ΧΩΡΏΝ, ΕΝΩΘΕΊΤΕ!

WORKING MEN OF ALL COUNTRIES, UNITE!